# SALONS
ET
# SOUTERRAINS
## DE PARIS,

Par MÉRY.

3

PARIS,

BAUDRY, LIBRAIRE-ÉDITEUR

De Paul de Kock, Alphonse Karr, Léon Gozlan, M<sup>me</sup> la comtesse Dash, Dumas,
Emm. Gonzalès, M<sup>me</sup> Camille Bodin, Théophile Gautier, de Bazancourt, etc., etc.

RUE COQUILLIÈRE, 34.

# SALONS

ET

# SOUTERRAINS

DE PARIS.

## A LA MÊME LIBRAIRIE, EN VENTE.

### NOUVEAUTÉS :

## LES AMOURS DE BUSSY-RABUTIN,

**Par Madame la Comtesse Dash,**

Revue piquante de la première moitié du dix-septième siècle, élégant reflet des Conteurs de Cape et d'Épée de la place Royale ou de la Chambre bleue d'Arthénice (roman complet en 4 volumes in-8°). — PRIX NET : 15 fr.

## FRANCINE DE PLAINVILLE,

Est une de ces études de la vie intime et de bonne compagnie, comme Madame Camille Bodin seule a le secret de les tracer.

*Ouvrage complet, en 3 volumes in-8;* — PRIX NET : 12 fr.

## LA TULIPE NOIRE,

**D'Alexandre Dumas père,**

Renferme des récits les plus drôlatiques, les plus poétiques et les plus attendrissants, à la fois qu'ait jamais commis la plume de notre grand romancier.

*Ouvrage complet, en 3 volumes in-8;* — PRIX NET : 13 fr. 50 c.

## JEAN ET JEANNETTE,

**De Théophile Gautier,**

C'est-à-dire Watteau, Boucher et Crébillon fils ; les Bergères à chignons poudrés et les Bergers en chemises de batiste, les talons rouges, les camaïeux, les glaces dauphines : en un mot, le dix-huitième siècle dans sa plus coquette afféterie, dans sa toilette la plus mignonne, et par-dessus tout cela, ce tour naïf, ce style brillant, cette allure primesautière de l'esprit qui ont conquis à M. THÉOPHILE GAUTIER une place si élevée parmi les littérateurs contemporains.

*Ouvrage complet, en 2 volumes in-8;* — PRIX : 9 fr.

## LES DEUX FAVORITES,

**SUITE ET FIN**

**D'ÉSAÜ LE LÉPREUX, par Emmanuel GONZALES,**

Cet habile et dramatique Walter-Scott des Chroniques espagnoles.

*Ouvrage complet, en 3 volumes in-8;* — PRIX : 13 fr. 50 c.

# SALONS

ET

# SOUTERRAINS

## DE PARIS,

### PAR MÉRY.

3

## PARIS,

BAUDRY, LIBRAIRE-ÉDITEUR

De Paul de Kock, Alphonse Karr, Léon Gozlan, Mme la comtesse Dash, Dumas, Emm. Gonzalès, Mme Camille Bodin, Théophile Gautier, Méry, etc., etc.

RUE COQUILLIÈRE, 34.

Paris, imprimerie de Paul Dupont,
rue de Grenelle-St-Honoré, 45.

I.

**BENOIT TROUVE UN MAITRE.**

Le bagne de Toulon n'inspire pas une grande tristesse à ses locataires ; sous le bonnet du galérien, on ne voit que des figures indifférentes ou joyeuses ; cela vient de la mansuétude que les écrivains spéciaux ont fait introduire dans le régime de ce purgatoire de la mer et du soleil. Les travaux forcés s'y réduisent à peu de chose ; on y travaille même assez paresseusement, et si les honnêtes ouvriers de la ville n'étaient pas appelés à prêter leurs mains aux chantiers de l'arsenal, on n'y achèverait rien de toutes ces grandes constructions qu'on y admire. En général, les hommes formant le personnel du bagne traînaient une existence fort misérable à travers les broussailles de la société humaine ; aussi leur état de galérien, tel que l'a fait, à tort ou à raison, la tolérance philanthropique, leur paraît une amélioration plutôt qu'un châtiment ; de là cette hilarité qui rayonne sur toutes ces fraîches figures ; les gardiens seuls paraissent tristes et ennuyés.

Cependant, l'homme jeune, sybarite, épicurien qu'une faute, un crime ou une erreur ont précipité de son lit de roses sur ce grabat de misère, ne partage pas la philosophie et la résignation sereine de ses camarades ; le moindre travail répugne à ses mains qui furent gantées ; le moindre anneau paraît lourd à ses pieds, qui furent chaussés au vernis ; la moindre fève paraît indigeste à son estomac habitué aux cuisines du boulevard. Le dandy au bagne est sur terre le pendant du damné de l'enfer : pour lui, l'horloge a encloué ses deux aiguilles ; les heures prennent des proportions séculaires ; le plus beau soleil est voilé de brouillard ; les plus grands spectacles de la nature sont dépourvus de charmes et de beautés ; en un mot, tout ce qui pour les autres et pour lui-même dans les temps ordinaires, serait joie et distraction, devient sans attraits et le laisse indifférent dès qu'il ne peut l'apercevoir qu'à travers son supplice.

Ainsi en advint-il de l'avocat Benoît, violemment transplanté de Paris et de ses délices civilisées au bagne de Toulon.

Il suivit la loi commune et fut incorporé dans la chiourme. Quand un homme du monde, pour employer l'expression vulgaire, un homme qui n'a pas appris à exercer ses mains dans un métier quelconque, arrive au bagne, le premier soin de l'administration est de l'enrégimenter ici ou là dans un atelier où il fait son apprentissage. Le plus généralement on commence par le placer sur un canot où il apprend le maniement des rames. Benoît, galérien robuste, devint donc rameur.

Mais quand il lui arrivait d'aller de la rade à Saint-Mandrier, son œil n'avait pas un regard pour toutes ces magnificences que la mer étale à Toulon avec une complaisance sans égale; son intelligence n'avait pas une admiration pour ces horizons qui se déploient merveilleusement depuis la Grosse-Tour jusqu'au château de l'amiral Missiessy, depuis la montagne du fort Faron jusqu'à la colline où est le tombeau de Latouche-Tréville. Il restait froid devant les grandes lignes d'architecture guerrière que Vauban a fait serpenter sur la montagne et les rochers de Lamalgue. Il passait, sans les voir, devant les hauts vaisseaux à l'ancre qui ressemblent à un archipel d'îles noires plantées de mats. Leur formidable triple rang de bouches à feu n'attirait pas un moment son attention, et les canots qui volent et se croisent comme des alcyons sur les flots de la rade pouvaient passer et repasser devant celui sur lequel il ramait sans troubler ses préoccupations intérieures et détourner ses pensées de leur but constant.

La Méditerrannée a des caresses dont ne sauraient se faire une idée ceux qui n'ont jamais contemplé la mer qu'en présence de l'Océan. Ses flots d'azur étincellent, miroitent aux feux du soleil, et ses perspectives passent tantôt successivement, tantôt à la fois par les couleurs du prisme. Quand vient le soir, les eaux se couvrent de vapeurs, et qui n'a pas assisté au coucher du soleil sur cette rade ne saurait y suppléer par l'imagination.

Tout cela était pour Benoît une nature morte. Son horizon avait pour bornes les vêtements rouges de ses compagnons. Ces couleurs lui rappelaient sans cesse qu'il vivait au bagne.

Cependant la nature avait doué cette organisation d'une trop grande finesse pour qu'il laissât paraître sur sa figure et dans ses attitudes une trop grande tristesse, un trop grand désespoir. Les gens tristes et désespérés sont ceux sur lesquels s'exerce la plus active surveillance, et Benoît n'avait pas besoin d'être serré de trop près par les gardiens. C'est pourquoi il s'était fait une figure de circonstance, ni triste ni gaie. On eût dit qu'il avait accepté philosophiquement la position qui lui était faite, et que voyant l'impossibilité de le changer, il se résignait à son sort. Puis, il faut le dire, une pensée qui parfois lui traversait l'esprit le rassérénait et lui faisait voir sous de meilleurs auspices sa situation présente. L'image de Rousselin passait de temps à autre devant les yeux préoccupés de Benoît, et cette image contenait tout un monde de terreurs, d'angoisses, de douleurs, d'atroces souffrances auprès desquelles les siennes propres étaient certes bien peu de chose.

— Rousselin, se disait-il alors, eût bien préféré le bagne à la mort que nous lui avons faite le jour où nous l'avons enfermé dans les Catacombes. Quel supplice! Mais aussi c'est lui qui l'avait inventé. Sans moi, Lecerf eût ainsi péri. Il aura eu faim, il aura eu froid ; il aura crié et il n'aura entendu pour réponse que l'écho de sa propre voix. Il aura peut-être retrouvé son chemin et il aura voulu soulever la trappe. Mais nos précautions étaient bien prises; il aura été vaincu et il sera retombé brisé de fatigue et de désespoir. Au moins cela console. Si je dois rester ici, là-bas je me serai vengé... Qu'en pensez-vous, M. Rousselin?... Vos écoliers ont su faire un coup de maître, n'est-ce pas?... »

Ainsi vivait Benoît, se mêlant peu, on le devine, aux propos de ses compagnons. Cependant, un jour qu'il ramait sur un canot qui faisait le service de la rade à l'hôpital, il remarqua sur le même banc à côté de lui, un jeune homme blond et rosé, dont la figure ouverte et souriante semblait inviter à la causerie.

— Quel âge avez-vous? lui demanda Benoît.

— Moi, j'ai vingt ans, répondit le jeune homme.

— Et pour combien de temps êtes-vous ici?

— Pour vingt ans.

— C'est long!

— J'espère bien ne pas passer tout ce temps-là à Toulon et enchaîné.

— Vous préfèreriez donc aller à Brest ou à Rochefort?

— Pas si bête! On est beaucoup plus mal là-bas qu'ici.

— Alors que voulez-vous dire? Je ne vous comprends plus. Comment sortirez-vous?

— J'aurai ma grâce.

— Et que ferez-vous pour cela?

— Je me conduirai bien; je me ferai remarquer par mon activité au travail; le gouvernement prendra en considération ma jeunesse et me remettra une partie de ma peine, d'autant plus que c'est dur de passer au bagne les vingt plus belles années de ma vie.

— C'est extraordinaire, remarquait Benoît en lui-même; ils pensent tous à se bien conduire pour obtenir leur grâce. Celui-ci, qui est un jeune et fort gaillard, a absolument les mêmes idées qu'Arnauld de Fabre. On les comprend chez ce notaire gros et inoffensif, ici. Mais chez celui-ci? Est-ce que le bagne serait un lieu de repentir?...

Tout en réfléchissant il avait laissé tomber la conversation. Il la reprit :

— Et comment vous nommez-vous?

— Moi? reprit l'autre forçat comme s'il ne s'attendait pas à cette question, je m'appelle Roch Moret.

— Roch Moret! fit Benoît, mais je

connais ça. N'avez-vous pas été condamné aux assises, à Paris, pour homicide?

— Précisément. Voici le fait : j'ai donné un coup de couteau à un camarade, après nous être disputés chez le marchand de vins. Il voulait me prendre ma maîtresse ; il me soutenait qu'il l'aurait malgré moi. A vingt ans, on ne donne pas des coups de couteau pour autre chose. Il paraît que le mien a trop bien porté ; mais le jury a admis les circonstances atténuantes, à cause de la provocation.

— Et que ferez-vous en sortant d'ici ?

— Je donnerai une leçon au gouvernement.

— A celui qui vous aura fait grâce ?

— Oui.

— Après cette grâce?

— Mais oui, je ne puis pas avant.

— Et comment vous y prendrez-vous pour donner cette leçon?

— La chose est bien simple : je me déporterai volontairement.

Benoît regarda le jeune homme en face pour être sûr qu'il parlait sérieusement. Il n'y avait pas à s'y tromper : le jeune homme n'avait plus sa figure rieuse et épanouie.

— Ceci demande une explication, remarqua l'avocat.

— Quelle explication ? Il ne faut pas longtemps habiter ici et réfléchir pour voir que l'État nous fait travailler à l'arsenal, nous autres condamnés, pendant que les ouvriers libres chôment au dehors. Cette concurrence que nous leur faisons leur est souvent fatale. Alors j'ai pensé que si le gouvernement, au lieu de nous faire exécuter ici ses grands travaux, nous envoyait au loin fonder des colonies, nous serions aussi utiles à la patrie là-bas, et nous ne prendrions pas le travail qui devrait, avant tout, appartenir aux ouvriers libres.

— C'est une bonne idée que vous avez eue là.

— Je le crois bien, qu'elle est bonne. Quand nous sortons du bagne et que nous rentrons dans la société nous sommes flétris. On ne veut de nous nulle part, ou bien on nous donne les travaux les plus repoussants. A la moindre altercation avec les patrons ou les camarades, ils nous reprochent d'avoir été au bagne. Et cependant on peut être honnête et avoir donné un coup de couteau ! Il vaut mieux en finir tout de suite, se faire un autre homme et recommencer une vie nouvelle.

— Et où vous déporterez-vous ainsi ?

— J'irai à Madagascar. Je suis d'une famille de marins. Mon oncle, qui a fait le tour du monde, m'a dit qu'il y avait des terres, des arbres, des eaux magnifiques à Madagascar, qu'on pouvait promptement y fonder un bel établissement. C'est là que j'irai.

— Seul ?

— Non, nous sommes ici trois ou quatre qui avons formé le même projet. Mon oncle, qui a un vaisseau, nous donnerait passage gratis, nous servirions pendant la traversée et tâcherions de solder plus tard les débours.

Pour la première fois depuis qu'il était au bagne, Benoît laissait errer son esprit dans les régions de la rêverie. Il suivit avec un intérêt visible le plan du jeune forçat. Cette réhabilitation par le travail et l'expatriation souriait à son imagination, et puis Roch Moret le dominait par l'accent chaleureux et la conviction profonde qu'il avait mis dans ses paroles.

— Savez-vous, dit-il au forçat, que votre projet est séduisant ? Mais si vous n'avez pas votre grâce ?

— Eh bien ! j'attendrai.

— Et après vous partirez ?

— Je partirai... Voyons, mon idée te tente. Veux-tu être des nôtres ?

— Pourquoi pas ?

— Es-tu riche ? La richesse ne nuit jamais. On travaille mieux. Parmi nous il y en a déjà un.

— Moi, je suis pauvre.

— Tant pis! mais n'importe, réfléchis à ce que je t'ai dit, et quand tu seras décidé, un mot suffira.

Ils étaient arrivés à Saint-Mandrier où le service se fit selon la coutume. Benoît réfléchissait. Cette conversation laissait une trace profonde dans son esprit.

Cependant, Benoît ne recevait aucune nouvelle directe ou indirecte, et il avait de très-bonnes raisons de ne pas s'expliquer le silence de Lecerf. Dans cette perplexité mortelle, où sa propre réflexion ne lui paraissait pas suffisante, il crut pouvoir se confier à son collègue Arnauld de Fabre, homme qui, en dehors de ses faux, inspirait une certaine sympathie, à cause de la béatitude de sa figure, de la fraîcheur enfantine de son teint, et de la douceur séraphique de son regard.

— Voici ma confession pure et simple, lui dit Benoît dans un moment de tête-à-tête : à proprement parler, je n'ai point commis de crime.

— C'est comme moi, remarqua l'ex-notaire.

— Mais enfin, poursuivit Benoît, un jury pouvait s'y tromper... Or, nous étions deux pour ce prétendu crime... On m'a sommé de dénoncer mon prétendu complice, et j'ai gardé un silence obstiné. Ma tactique me paraissait bonne, et vous allez en juger... Ce complice est un jeune homme hardi, brave, aventureux, fécond en expédients, et ce qui vaut mieux que tout cela, il est deux ou trois fois millionnaire...

— Sainte Vierge ! dit Arnauld, son notaire doit être bien riche ! Vous me présenterez à lui quand nous sortirons...

— Écoutez-moi jusqu'au bout, mon cher monsieur de Fabre... et voyez si mes calculs étaient adroits... Si j'eusse dénoncé mon complice au tribunal, nous aurions été condamnés tous deux, enchaînés tous deux, écrasés tous deux. Ce n'est point par générosité que j'ai agi ainsi, c'est par pur égoïsme, je l'avoue. J'ai voulu que mon complice restât libre de ses démarches et de ses actions, dans mon intérêt personnel...

— Bien ! je comprends, dit Arnauld.

— Figurez-vous, monsieur de Fabre, ajouta Benoît, tout le parti que je puis tirer d'un pareil complice, tous les services que peut me rendre un homme dont je tiens le sort et l'honneur entre mes mains, et qui a une fortune immense pour faire réussir mon évasion.

— C'est bien combiné, remarqua l'ex-notaire.

— Je lui ai donc écrit une lettre dont le sens est déjà compris par votre sagacité...

— Oui, monsieur Benoît, dit Arnauld; j'ai trop l'habitude des affaires pour ne pas comprendre celle-ci... Vous lui avez écrit quelque chose comme cela : « Monsieur, je suis maître de votre sort; ainsi réfléchissez sur mon pouvoir, et employez toute votre fortune, s'il le faut, à favoriser mon évasion, ou attendez-vous à être dénoncé par moi dans une écrasante révélation. »

— On dirait, monsieur de Fabre, que vous avez lu ma lettre ?

— Pour vous parler franchement, je l'ai lue ; mais si je ne l'avais pas lue, j'en aurais deviné le contenu avec la même facilité.

— Je vous avoue, monsieur de Fabre, que je ne m'attendais pas à cela de votre part.

— Mon cher monsieur Benoît, il m'est impossible de garder cinq minutes entre mes mains une lettre fermée ; il faut que je l'ouvre. C'est plus fort que moi. Mettez-moi dans un sérail, dans un coffre-fort, dans une salle de festin, je ne toucherai pas une femme, une pièce d'or, un plat ; mais ne me confiez pas une lettre, je la violerai. Je suis un Tarquin épistolaire. Vous êtes averti.

— Mais, au moins, demanda Benoît

avec une irritation contenue, vous avez envoyé ma lettre?..

— Votre lettre, non! répondit Arnauld en souriant.

— Comment! scélérat! s'écria Benoît, vous l'avez gardée? Je ne m'étonne plus maintenant si je suis privé de nouvelles.

— Ne vous mettez pas en colère, monsieur Benoît, dit Arnauld avec un son de voix angélique; si vous n'avez point de nouvelles, croyez bien que ce n'est pas par ma faute.

— Ah! je vous trouve plaisant!..

— Ne me trouvez pas plaisant, monsieur Benoît; écoutez-moi jusqu'au bout, et vous me trouverez sérieux... La lettre que vous aviez écrite à M. Lecerf, votre prétendu complice, était un modèle d'étourderie, une œuvre d'écolier. Il y avait dix fautes d'orthographe...

— Allons donc !

— Permettez, monsieur Benoît, poursuivit Arnauld avec un phlegme merveilleux, nous appelons fautes d'orthographe, en style d'hommes d'affaires, les bévues de tactique et les absences de finesse. Quant aux fautes grammaticales, je m'en soucie fort peu ; elles sont utiles même souvent, parce qu'elles font soupçonner quelque candeur chez celui qui les commet... Ainsi donc, monsieur Benoît, je n'ai pas voulu perdre une aussi belle occasion de faire ce qu'on appelle un *faux en écriture privée*, et j'ai écrit moi-même, avec vos caractères très-bien imités, une autre lettre à Lecerf, avec injonction formelle faite audit Lecerf de répondre, poste restante à

Toulon, sous le couvert de Valentin Estadié, faute de quoi la complicité serait révélée pardevant qui de droit ; et aux fins qu'il n'en ignore, nous lui avons envoyé la susdite assignation, dûment contresignée de deux témoins... Vous comprenez, M. Benoît, tout ce qu'il y a d'effrayant, pour un homme du monde, dans ce grimoire de palais. Cela sent d'une lieue la salle des Pas-Perdus et le corridor de la cour d'assises. Attendez-vous donc à recevoir une réponse de Lecerf au premier jour.

— Mais malheureux! dit Benoît, si Lecerf ne reconnaît pas mon écriture?

— Ah! dit Arnauld en souriant, voilà une crainte fort étrange! Heureusement mon amour-propre est au-dessus d'une pareille injure. Mes nombreux antécédents répondent pour moi. Soyez bien tranquille, monsieur ; je défie tous les experts jurés. L'écriture de ma lettre à Lecerf est plus ressemblante que la vôtre, comme il y a des portraits plus ressemblants que les originaux. Monsieur Benoît, j'ai pris votre affaire à cœur, et vous serez content de moi.

— Nous verrons, dit Benoît en s'éloignant, parce qu'un garde-chiourme s'approchait.

Arnauld de Fabre n'eut que le temps de lui faire un dernier geste qui lui recommandait la confiance et la résignation.

— Mais quelle rage a-t-il de faire des *faux*, cet homme-là ! murmura Benoît entre ses dents.

Plusieurs jours se passèrent sans que

Benoît pût trouver une occasion de renouer l'entretien sur cette affaire si grave ; seulement lorsqu'il passait devant Arnauld, il l'interrogeait adroitement par un signe, et le signe qui répondait annonçait que la poste restante n'apportait rien encore ce jour-là.

Enfin, un jour de dimanche, à la sortie de la messe, Arnauld, qui avait donné l'exemple d'une dévotion extrême, coudoya Benoît et lui remit une lettre déjà ouverte en faisant un signe de mécontentement.

C'était un jour de repos et de liberté. Les deux galériens s'assirent au pied d'un lit de camp, où plusieurs confrères jouaient aux cartes, et ils s'entretenaient à voix basse, ayant souvent recours à des mots latins pour dérober à leurs voisins le sens des phrases les plus dangereuses.

Benoît venait de prendre connaissance de la lettre arrivée du château de Bougival : elle était ainsi conçue :

« J'ai la douleur de vous apprendre la
» mort de mon mari, et je vous explique
» ainsi pourquoi cette réponse est écrite
» d'une autre main. Sa malheureuse veuve
» a cru pouvoir ouvrir toutes les lettres
» adressées à M. Lecerf, et celle que vous
» m'écrivez me jette dans le plus cruel
» embarras. Je suis seule à Bougival ; les
» conseils de ma mère me manquent ; elle
» est depuis longtemps rentrée à Paris, où
» sa mauvaise santé réclame chaque jour
» des soins et des médecins qu'elle ne
» trouverait pas dans un village.

» Pourtant, votre lettre mérite d'être
» prise en considération, non pas à cause
» de la menace singulière qu'elle renferme,
» mais à cause des secours que réclame
» votre infortune, méritée ou non. La
» mémoire de mon mari m'est chère ; il
» ne peut se défendre, hélas ! contre la
» calomnie, et le monde est toujours dis-
» posé à croire le mal, en l'absence du
» défenseur. Je vais faire mes préparatifs
» de voyage pour le Midi. Aucun lien ne
» me retient plus dans ce château qui n'a
» vu couler que mes larmes et celles de
» ma mère, sans nous donner un seul
» instant de bonheur.

» J'irai vous voir.

» CLÉMENCE LECERF, née AUBIGNY. »

— Que pensez-vous de cette lettre ? demanda Benoît.

— Je pense que c'est un *faux*.

— Oh ! vous ! monsieur de Fabre, vous voyez des *faux* partout.

— Je pense que ce M. Lecerf n'est pas mort, voilà le faux.

— Par exemple, ceci serait un peu trop violent !

— Mais non, dit froidement Arnauld ; si Lecerf est votre complice, il gênait évidemment la famille, on l'a embarqué sur quelque vaisseau du Hâvre, et on lui a donné un brevet de mort.

— Vous croyez cela, monsieur de Fabre ?

— J'ai l'expérience des affaires, et je ne me trompe jamais. Si j'avais refait la lettre de madame Lecerf, j'aurais corrigé toutes ses fautes d'orthographe, et elles sont nombreuses. Une veuve de quelques jours, une veuve qui est dans la lune de miel du veuvage, ne se contente pas d'écrire sèchement : « Mon mari est mort »; elle fait plus de fracas de sa douleur, surtout si elle est fausse, car tout est faux en ce monde, plaisir ou douleur.

Une veuve cite le jour, l'heure, la minute de la mort de son mari; elle dit : Mon bien-aimé Lecerf a rendu le dernier soupir le 3 novembre, à cinq heures trente-sept minutes du matin ; elle donne quelques détails sur l'agonie, la maladie, l'inhumation, et lance toujours un anathème contre les médecins qui n'ont connu la maladie qu'après la mort. Cette lettre est encore un modèle d'étourderie comme la vôtre. Votre Lecerf est vivant, et s'il est dans l'autre monde, il ne peut être qu'en Amérique. Prenez cela comme point de départ quand vous recevrez la visite de madame Lecerf, et vous obtiendrez d'elle tout ce que vous voudrez, liberté ou argent.

— Il a, ma foi, raison ! dit Benoît stupéfait de la science de l'ex-notaire ; vraiment, monsieur de Fabre, je me croyais un habile homme, mais j'avoue ici mon infériorité ; que pourrai-je faire, maintenant, pour reconnaître vos services, et vos bons conseils?

— Rien du tout, monsieur Benoît ; je n'ai besoin de rien. Je me regarde comme le plus grand philosophe de l'antiquité. Vous me trouverez toujours disposé à vous être utile gratuitement... Adieu ! laissez-moi... je vois venir de pauvres gens qui viennent me demander de leur faire des pétitions au ministre et des lettres à leurs parents.

II.

Quelques jours après, dans un de ces moments de loisirs si fréquents dans le purgatoire des travaux forcés, Arnauld de Fabre, qui fabriquait nonchalamment de l'étoupe fausse, fit un geste significatif à Benoît.

Benoît s'approcha de l'ex-notaire, et prêta son oreille avec une avide curiosité.

— Eh bien ! lui dit Arnauld, ce matin un de mes amis, qui m'estime toujours malgré mon malheur, est venu me voir. C'est mon facteur d'habitude, et il m'a remis une lettre timbrée de Bougival...

— Oh ! quelle imprudence ! dit Benoît.

— Où est l'imprudence ? demanda Arnauld.

— Comment, vous ne devinez pas, monsieur de Fabre ? Une lettre jetée à la poste de Bougival et adressée à Toulon, peut éveiller les soupçons d'un inspecteur des postes, rue Jean-Jacques Rousseau ; et si on l'ouvre, tous mes plans d'évasion sont renversés; je suis perdu !

— Vous avez raison, monsieur Benoît. Aussi, après avoir reçu cette lettre devant un gardien suspect, j'ai conçu quelque crainte d'être fouillé, et j'en ai fait une autre qui est fausse et que j'ai timbrée de Paris; cela m'a donné une heure bien agréable. Regardez comme l'imitation du timbre est parfaite, avec tous les hiéroglyphes bleus, rouges, noirs, de la poste, toutes ces souillures qui chargent l'adresse d'une lettre et qui empêchent de lire les noms, les villes et les numéros. N'ayez pas peur que la poste barbouille de ses stigmates les vides blancs du papier; tout ce qui est blanc n'est pas effacé. On efface tout ce qui est noir, et on livre toutes ces énigmes brumeuses à la sagacité d'un stupide facteur. On ne voit ces choses qu'en France. C'est comme pour les signatures officielles; un préfet ne se croirait pas préfet, un secrétaire ne se croirait pas secrétaire, un ministre ne se croirait pas ministre, un maire ne se croirait pas maire, s'ils avaient des signatures lisibles du premier coup d'œil. J'en sais quelque chose, moi qui ai copié tant de signatures, et avec un succès toujours infaillible; je puis dire, car je ne copiais pas des syllabes, ou des lettres d'alphabet, je copiais des points imperceptibles, qui auraient été un mystère, même pour celui qui les avait alignés en guise de signature. Je m'étonne que jamais un ministre n'ait fait une ordonnance pour prescrire à tous les chefs d'administration d'écrire leurs noms lisiblement au bas des lettres, ou de suivre le cours calligraphique de M. Favarger, en vingt-quatre leçons.

— Monsieur de Fabre, dit Benoît en riant, j'approuve toutes ces observations, mais je les crois inopportunes en ce moment; il me tarde de connaître la lettre de madame Lecerf, et...

— Monsieur Benoît, dit Arnauld, vous êtes fort jeune...

— Je n'ai pas trente ans...

— Vous vous vieillissez, vous n'en avez pas dix... Comment, monsieur Benoît, vous croyez que je parle pour le vrai plaisir de parler !... Tenez, faites le semblant de regarder l'heure au cadran de la tour, et rencontrez, avec vos yeux, une face d'espion tournée sur vous...

— Ah !... ce monsieur est un espion ! dit Benoît en regardant l'horloge.

— Et un terrible espion, monsieur Benoît; aussi vous ai-je tout de suite, sans vous prévenir, raconté quelque chose pour vous faire rire, non pas d'un rire faux, que les espions comprennent surtout quand il éclate devant moi, mais d'un rire naturel!... Voyez, maintenant, comme l'espion bat en retraite et va chercher du gibier ailleurs... voici la lettre de madame Lecerf.

Benoît prit la lettre et lut ce qui suit :

« La veuve Clémence sera à Toulon le
» 27. Le même jour elle entrera à l'arse-
» nal aux heures de visite; elle aura une
» robe de deuil et un voile. »

— Le 27 ! dit Benoît, mais c'est aujourd'hui.

— Oui, monsieur Benoît, vous n'avez pas oublié les dates; c'est le 27, et tout mon talent de contrefacteur ne pourrait pas en faire le 28.

— Monsieur Arnauld, dit Benoît avec une respectueuse humilité, vous êtes vraiment un homme admirable, votre bon sens, votre prudence, votre adresse, votre sagacité, votre esprit, sont merveilleux. Comme vous savez tout prévoir, tout observer, tout éviter ! Et moi ! moi qui me croyais un homme supérieur !

— Allons donc ! monsieur Benoît, vous êtes un imbécile !

— Je le crois, et cela me fait faire de sérieuses réflexions.

— Vous avez commencé vos réflexions trop tard. Mais, monsieur Benoît, ne me croyez pas un être fort supérieur à vous. Moi, Arnauld de Fabre, je ne suis qu'un écolier ici, un écolier entouré de maîtres. Il y a, dans ce bagne, des organisations miraculeuses, des têtes qui sont des volcans d'idées toujours en éruption; des esprits qui feraient croire aux initiations infernales; des fronts énormes sur des bustes de nains...

— Et d'où vient alors, interrompit Benoît, que tous ces génies de sagacité, tous ces fronts énormes se sont laissé prendre comme des oisons dans le filet de la justice?

— Vous croyez m'embarrasser avec votre demande? dit Arnauld en riant; eh bien! je l'attendais. Il n'y a que les criminels d'une intelligence vulgaire qui évitent le filet de la justice... Voici une comparaison qui vous éclairera mieux qu'un raisonnement...

— Voyons la comparaison, monsieur Arnauld.

— Avez-vous jamais entendu dire qu'un

homme faible ait essayé de couper un chêne en deux, et qu'il ait été mangé par un lion, après cet effort de travail?

— Jamais, monsieur Arnauld.

— Eh bien ! monsieur Benoît, ce malheur est arrivé à Milon de Crotone, le plus vigoureux athlète de l'antiquité grecque. Voilà où conduit l'abus de la force physique : à être mangé par un lion ; voilà où conduit l'abus de la force morale : à manger des fèves. Tous ceux qui sont trop forts abusent, et abuseront de leur force. Moi-même, monsieur Benoît, je suis le Milon du faux. J'aurais pu me contenter de vingt, c'était déjà joli pour un homme vulgaire; j'ai voulu arriver à cinq cents, couper un chêne en deux, et le lion de Thémis m'a mordu au bras, comme dans le groupe du Crotoniate de mon compatriote, le sculpteur Puget.

— Ah! si je puis un jour sortir de cet enfer, dit Benoît, je ne me frotterai plus avec les lions!

— Et vous ferez bien, monsieur Benoît, car vous n'êtes pas fort.

— Cependant, j'ai un trait dans ma vie, qui vous prouverait...

— Quel trait? vous avez trouvé quelque innocent sur votre chemin?

— Au contraire; j'ai trouvé un lion, et je l'ai mis en cage...

— C'est impossible ; dites que vous l'avez tué par surprise, je vous croirai ; on n'emprisonne que les lionceaux, jamais les lions, quand on n'a pas une meute d'agents de police, et ce qu'ils appellent le *glaive* de Thémis. Je suis fâché de vous ôter cette illusion, monsieur Benoît.

Benoît s'inclina devant l'autorité de l'ex-notaire, mais il se dit à lui-même :

— Cependant, c'est bien moi qui ai enfermé Rousselin dans les Catacombes, et Rousselin n'était pas un lionceau.

— Monsieur Benoît, dit Arnauld, je vois arriver de la grille les oisifs, les badauds, les étrangers et les hommes vertueux. Tenons-nous en observation ; vous, de votre côté, moi du mien.

— N'importe ! dit Benoît, je retiendrai tout ce que vous m'avez appris sur les Milon de Crotone, les fronts énormes, les lions, et *cætera*... Vraiment, monsieur Arnauld, vous donnez d'excellentes leçons, et vous ne parlez pas faux.

— Regardez, regardez, monsieur Benoît, là, près du bassin... Il y a déjà beaucoup de femmes dont les yeux sont fixés sur la frégate au carénage... Il me semble même que je vois des veuves... Séparons-nous : assez causé, monsieur Benoît.

— A bientôt, monsieur de Fabre.

— A propos, monsieur Benoît, n'allez pas commettre d'imprudence et tout gâter par quelque légèreté. Voyons, réfléchissez; êtes-vous prêt à cette entrevue? N'avez-vous rien oublié?

— Non, rien.

— Enfant! il faut donc toujours que l'on pense pour vous?... Remarquez comment vos compagnons abordent les visiteurs. Vous n'êtes plus un novice dans la communauté. Qu'allez-vous dire à cette jeune veuve?

— Vous avez raison, monsieur de Fabre, je suis un enfant étourdi. Je vais trouver un camarade, Roch Moret, qui a toujours mille petits objets à vendre. J'en vendrai quelques-uns pour lui et je me présenterai à madame Lecerf comme un marchand.

— Ceci est déjà mieux, monsieur Benoît; c'est une idée. Mais vous la gâtez par les détails. Où trouverez-vous Roch Moret à cette heure? L'arsenal est grand, et il faut que vous voyez madame Lecerf dès qu'elle entrera.

— Que faire, alors?

— Tenez, moi j'avais pensé à tout. J'ai toujours une grande quantité de cocos sculptés que l'on me donne en récompense de mes petits services. Mes pétitions se paient ainsi en monnaie de singe. Prenez celui-ci ; moi, je garde cet autre : il faut toujours en avoir un pour une occasion que l'on ne prévoit pas. Vous irez vous placer de manière à voir tous ceux qui passeront. Vous reconnaîtrez votre dame. Est-elle bien reconnaissable ?

— Oh ! pour cela, oui ! Il n'y a pas au monde deux laideurs comme la sienne.

— Cela ne serait pas un signe pour moi ; je fais assez mal la différence d'une femme laide et d'une femme jolie.

— Tout le monde n'est pas comme vous, monsieur de Fabre.

— Enfin, cela importe peu, vous la reconnaîtrez, voilà l'essentiel. Vous la suivrez pendant un instant sans qu'on puisse croire que vous attachez quelque importance à lui parler. De telle sorte, vous aurez eu le temps d'observer les gardiens et de juger la position. Puis vous l'aborderez, votre coco à la main, et vous resterez devant elle dans la pose nonchalante d'un homme qui insiste pour vendre sa marchandise. Tenez, comme celui-là là-bas.

— Le bonnet vert ?

— Oui, à droite, cinquante pas devant nous.

— J'y suis.

— Les gardiens s'y tromperaient. Mais moi je sais ce qu'il fait. Il donne ses ordres.

— Quelle tête vous avez, monsieur de Fabre !

— Que voulez-vous ! l'habitude.

— Je vais à mon poste.

— Pas de faute d'orthographe, surtout.

— J'y veillerai.

Benoît venait à peine de quitter le roi du bagne et cherchait un poste favorable pour ne rien perdre du mouvement des visiteurs, lorsqu'il vit passer près de lui une femme voilée, entièrement vêtue de deuil. Le voile fut soulevé par une de ces brises légères qui à toute heure soufflent sur la mer, et l'ancien avocat aperçut le visage. Il n'y avait pas à s'y tromper : cette femme était Clémence Lecerf.

Clémence Aubigny, arrivée la veille à Toulon, était descendue à l'hôtel de la Croix-d'Or, et prenant à peine le temps de se reposer des fatigues de ce long voyage, elle venait tenir sa parole et donner sa première visite à l'arsenal. Pour des femmes comme Clémence, le bagne n'est pas un lieu de curiosité.

Une idée toujours les guide quand elles

entrent dans ces asiles du crime, et du malheur. Madame Lecerf y venait avec la pensée de se soumettre à tous les dévouements pour arracher Benoît à son supplice. Seulement, quand elle eut franchi cette porte de l'arsenal que gardent nuit et jour des sentinelles formidables, elle se trouva dans un étrange embarras. Elle n'avait jamais vu Benoît; Benoît ne l'avait jamais vue elle-même. Comment pourrait-elle le reconnaître sous cet habit uniformément rouge, qui est le vêtement de tous les forçats? Et lui, comment reconnaîtrait-il la femme de son ancien ami Lecerf?... Si Clémence eût connu les mœurs du bagne, comme elle savait toutes les histoires anciennes et modernes, elle n'aurait pas mis son esprit à la torture pour si peu de chose.

En effet, pendant qu'elle vaguait au

hasard et sans trop savoir où elle allait; un forçat la suivait, obliquant à droite et à gauche, mais ne la perdant jamais de l'œil. Madame Lecerf croyait traverser le bagne comme une visiteuse ordinaire; elle arriva près des cales couvertes. L'endroit était favorable; Benoît saisit le moment.

— Madame, achetez-moi donc ce coco; il est bien travaillé et fera plaisir à votre mari.

En disant ces paroles, Benoît prenait la tournure et la pose du bonnet vert que lui avait fait remarquer Arnauld de Fabre. C'était à s'y méprendre.

A l'allusion faite à son mari, Clémence tressaillit, elle releva son voile, et prenant sa bourse, elle allait payer l'objet qui lui était présenté; mais Benoît avec une grande vivacité :

— Madame, nous n'avons pas de temps à perdre en préliminaires polis. Vous êtes la femme de mon ami Lecerf...

Des larmes sortirent des yeux de Clémence et sillonnèrent ses joues jadis constellées par la petite vérole.

— Oh! ne pleurez pas, je vous prie: vos larmes me trahiraient; ici les émotions sont fatales. Il faut tout aborder avec gaîté ou insouciance.

— Vous êtes l'avocat Benoît? demanda Clémence.

— Oui, madame. Mais parlez-moi de mon ami Lecerf.

— Hélas! fit Clémence, et une nouvelle larme brilla suspendue aux cils de la jeune femme.

— Il est donc mort, bien mort? Vous ne m'avez pas trompé, vos pleurs me le disent ; mais, je vous prie, contenez-les, madame. Faites même semblant de me payer mon coco, pour que l'œil des gardiens, s'il nous regarde, y soit trompé.

Clémence glissa un rouleau de cinquante louis dans la main de Benoît, qui reprit :

— Ce n'est pas cela que je voulais, madame. Cet or peut me servir ; mais je voulais quelque menue monnaie pour montrer aux camarades, afin qu'eux-mêmes fussent trompés.

Et Clémence ajouta deux ou trois petites pièces d'argent.

— Voyez-vous, ajouta Benoît, c'est une triste vie que celle du bagne. Nous aurions pu y venir deux comme j'y suis venu seul ; mais à quoi bon compromettre Lecerf ? Libre il pouvait me faciliter les moyens de sortir d'ici. Enchaîné comme moi, nous étions impuissants tous deux. Ah! j'ai bien perdu à cette mort imprévue!

— Mais, monsieur Benoît, croyez-vous qu'une femme ne puisse vous être d'aucune utilité?... Vous étiez l'ami de mon mari; tout ce qu'il aurait fait, dans la mesure de mes forces, je le ferai à sa place.

— C'est une grande bonté, madame, et une grande vertu, mais en vérité, ce que j'aurais osé demander à Lecerf, exiger presque de lui, je ne l'oserai jamais quand il s'agit d'une femme.

— Ne soyez pas si réservé, monsieur Benoît. C'est un devoir pour moi d'acquitter les dettes de mon mari.

— Eh bien! je vous crois, madame. D'ailleurs, puisque vous êtes venue à Toulon, c'est sans doute pour m'être utile.

— Pouviez-vous en douter, monsieur?

— Je n'en doute plus, madame. Dites-moi, êtes-vous riche ?

— Ah ! s'il ne s'agissait que de richesse !... Je donnerais facilement un million pour que Lecerf fût à cette heure près de moi. Réglez-vous là-dessus.

— Un million, madame, on a fait bien des choses avec un million. Nous tâcherons d'être moins prodigue. Mais, madame, peut-être faudra-t-il autre chose que de l'argent, et c'est là surtout que Lecerf m'eût été utile.

— Monsieur Benoît, je n'ai que le dévouement d'une femme à vous offrir.

— Je vais en user, madame, mais je crains de vous révolter, si je vous dis un plan que je conçois à l'intant même et qui doit réussir infailliblement.

— Monsieur, croyez bien que je me soumettrai à tout.

— Permettez-moi de réfléchir un moment pour bien lier toutes les parties de ce plan.

— Je vous attends, monsieur.

Le caractère de Benoît se modifiait ainsi, comme on voit; le malheur est quelquefois un bon maître; lorsqu'il n'aigrit pas, il corrige. Cet homme autrefois si terrible s'inclinait comme un enfant devant Arnauld de Fabre, et maintenant en présence de madame Lecerf, il se sentait comme ému de pitié; il oubliait sa vieille haine, il trouvait sur sa lèvre des paroles de douceur.

En supposant même, comme l'affirmait Arnauld de Fabre, que Lecerf ne fût pas mort, il y avait quelque chose d'émouvant dans cette femme, abandonnée de tous les amours, de toutes les joies, de toutes les consolations ; cette femme si indigente dans sa richesse, et qui venait de si loin, sans amis, sans suite, sans faste, pour accomplir une œuvre de dévouement.

— Madame, lui dit Benoît, toujours avec ce ton de douceur si nouveau pour lui, je suis au désespoir de vous obliger à remplacer votre mari ; mais à qui puis-je me confier ? Il n'y a que vous au monde qui puissiez me rendre le service attendu, et quel service !

— Monsieur, interrompit madame Lecerf avec un accent ineffable de résignation, commandez, je ne connais aucun obstacle, lorsqu'il s'agit de la mémoire de mon pauvre mari.

— Eh bien ! madame, aucune femme

dans votre position n'a fait ce que je vais exiger de vous.

— Je serai la première; je vous le jure, monsieur.

— Écoutez-moi bien, madame, et en m'écoutant, ne vous découragez pas...

III.

## LA SŒUR BRIGITTE.

— Madame, dit Benoît, nous ne pouvons avoir aucun secret entre nous. Nous connaissons notre destinée commune. Un mot de moi pouvait déshonorer votre famille. Ce mot n'a pas été dit. Je me suis sacrifié seul.

— C'est vrai, monsieur, dit Clémence.

— Maintenant, madame, il faut que vous deveniez la complice de mon évasion. L'air de ce bagne me tue, et je veux vivre.

— Je vous le redirai cent fois, monsieur, disposez de ma vie et de ma fortune, elles sont à vous.

— Vous saurez, madame, que les évasions deviennent de jour en jour plus difficiles. Tant de galériens se sont échappés qu'ils ont épuisé toutes les ruses, tous les déguisements, tous les masques. Un d'eux, même, s'est évadé un jour, en costume de commandant de vaisseau. Où avait-il pris ce costume? On l'ignore; il avait, comme on dit, fait un pacte avec le démon, qui lui avait apporté un uniforme et des épaulettes du magasin de l'enfer. Il m'a donc fallu trouver un nouveau genre d'évasion inconnu, et je crois l'avoir trouvé.

— Dieu le fasse ! dit madame Lecerf.

— Vous allez entreprendre, madame, une mission au-dessus des forces d'un homme ; mais les femmes sont bien plus vaillantes que nous, et elles ne mettent point de bornes à leur dévomueent. Vous donnerez cent mille francs au curé de la paroisse de Saint-Louis, ou de toute autre église. Cette somme sera destinée à secourir des infortunes urgentes, et un prêtre viendra vous rendre compte de l'emploi de chaque distribution....

— A quoi bon cela ? monsieur ; que m'importe le nom des malheureux, pourvu que l'aumône se fasse !

— Pardon, madame, veuillez bien m'écouter jusqu'au bout. Vous direz au curé dépositaire de cette somme que vous avez fait vœu de donner votre fortune aux pauvres et de vous faire sœur servante de l'hôpital du bagne. Les cent mille frans ne seront donnés qu'à condition qu'il vous sera permis d'accomplir entièrement votre vœu...

— Très-bien ! je comprends maintenant...

— Vous comprenez aussi, madame, que le curé de la paroisse ne sera pas embarrassé pour vous trouver sur-le-champ une place de sœur servante à l'hôpital. Ces sortes de places sont très-peu courues ; elles exigent le dévouement d'un ange.

— Je ne suis pas un ange, mais j'aurai ce dévouement, dit Clémence d'un ton résolu.

— Ce n'est pas tout, madame; écoutez-moi avec attention. En supposant qu'au moyen des combinaisons que je ferai naître après votre entrée à l'hôpital, je parvienne à m'évader, vous ne pouvez pas, vous, madame, abandonner tout de suite votre poste...

— C'est évident, monsieur, je trahirais ma complicité.

— Voilà donc ce qu'il faut éviter, madame, et pour l'éviter, votre dévouement devra s'élever jusqu'à l'héroïsme. Il vous faudra peut-être rester un an encore à l'hôpital...

— Eh! monsieur, ne vous inquiétez pas de si peu de chose; j'y resterai peut-être toute ma vie. Si ma mère n'était pas morte de chagrin, je serais, sans doute, tentée d'aller la revoir, mais je n'ai plus rien au monde, plus rien. Je vivrai pour les malheureux ; c'est la seule vie qui me reste; elle a ses consolations.

— Madame, nous avons déjà trop prolongé cet entretien. Que votre intelligence devine tout ce qui manque à l'exposé de mon plan. Voici du monde... Séparons-nous.

Clémence ne voulut pas perdre une minute ; après cet entretien, elle rentra en ville pour commencer les premiers actes de son dévouement.

Parmi toutes ses merveilles, Toulon possède les deux plus beaux hôpitaux qui soient au monde. Saint-Mandrier, celui qui est destiné à la marine, est assis près de l'isthme des Sablettes et adossé au cap Sicié. La maladie est traitée en reine dans ces immenses salles, où l'air pur et vivifiant de la mer arrive par d'innombrables fenêtres percées sur des horizons dont rien ne saurait égaler la grandeur et la magnificence. A Saint-Mandrier l'œil découvre de toutes parts des splendeurs inouïes, de ces gigantesques paysages qui ravissent l'âme et devant lesquels l'artiste, peintre ou poète, oublie son art et reste plongé dans la contemplation.

L'autre hôpital est celui du bagne. Ici l'homme n'a point prodigué le luxe architectural qu'on remarque à Saint-Mandrier, mais la nature n'a point fait de préférence dans ses faveurs.

Le forçat malade peut de sa fenêtre apercevoir les capricieuses perspectives des collines de la Seyne et les dentelures sans nombre que les flots, dans leur intarissable fantaisie, découpent sur les bords du golfe. D'un autre côté s'élève la montagne grise de Coudon, et plus loin le Mourillon qu'on voit toujours actif, laborieux comme une immense ruche peuplée d'abeilles rouges. Ces abeilles, ce sont les forçats. Ailleurs c'est Lamalgue qui apparaît toujours avec ses cinq vaisseaux de cent canons sur le chantier, et qui depuis quinze ans n'ont pas bougé d'une ligne. Heureusement, ces cinq vaisseaux ont des consolations: le *Fontenoy*, navire à deux ponts, est sous la cale couverte depuis trente ans, sans que nul puisse dire quand cessera ce *statu quo* qui menace d'être éternel.

A l'extrémité de cet hôpital du bagne est une chapelle très-petite et qui ne sert qu'aux malades. C'est là que tous les matins vient prier Clémence, qui a encore perdu son nom à l'hôpital, et qui maintenant s'appelle sœur Brigitte. Au milieu des douleurs atroces, des souffrances inouïes que renferme l'infirmerie du bagne, elle a fait bénir et vénérer ce nom. Quand ils sont en proie aux tortures et aux angoisses de l'agonie, elle apparaît aux malheureux couchés sur les grabats de ce lieu terrible comme l'ange de la consolation et de l'espérance. Sa parole, que la nature a douée d'une douceur et d'une mélodie ineffables, calme le mal, endort la douleur et supprime la plainte aux lèvres du patient. Elle va de couchette en couchette, et pour chacun elle a le mot qui touche le cœur, le mot qui remue profondément et fait rentrer en soi-même.

Sa présence est si bienfaisante que si vous interrogiez le forçat il vous répondrait que ce n'est pas une femme, que ce n'est pas une sœur, mais bien quelque créature d'en haut qui pour miex cacher sa céleste origine a pris une forme repoussante et mis sur sa laideur le masque divin de la bonté.

Si l'hôpital du bagne est affreux, en revanche les médecins y sont excellents sous tous les rapports. Le docteur Auban, médecin de l'Arsenal, homme d'une science sûre et d'une bonté parfaite, parle à ces malheureux comme à ses enfants. Pour lui, dans un lit, il n'y a que le malade, il n'y a plus de criminel. Sœur Brigitte est aux côtés du docteur, quand il fait sa visite matinale. Elle le suit d'alcôve en alcôve, et ses observations éclairent quelquefois la science du médecin. Elle est là aussi afin d'obtenir pour ses malades mille petits adoucissements dans le régime, choses si nécessaires quand on souffre, et si difficiles à se procurer dans ces grandes infirmeries.

Le docteur parti, la besogne de sœur Brigitte commence. Aucun travail ne lui répugne, elle est l'exemple des sœurs servantes, et c'est sur elle que retombent les tâches les plus répulsives. Qu'importe? Elle fait tout; sa douceur angélique ne se dément jamais, et sa voix a toujours cette beauté mélodieuse qui charme et apaise, qui guérit tous les maux.

Il fallait certes un courage surhumain pour accomplir une pareille mission. Jamais un homme ne se serait plié à ce que faisait Clémence. Mais cette femme élevée dans le luxe le plus somptueux, qui n'avait jamais connu que l'édredon de la vie intérieure, ne mettait pas de bornes à son dévouement. Tout-à-coup, brusquement, sans transition, sans noviciat, elle avait quitté les délices auxquelles elle était habituée depuis sa naissance, et soumise au régime austère, à la vie penible d'un hôpital, elle accomplissait son œuvre avec une charité qui aurait touché le cœur le plus endurci. Elle allait même jusqu'à se priver des quelques douceurs qui étaient faites à elle comme à ses compagnes. Chaque jour elle partageait le potage de fèves des galériens pour laisser aux malades la portion de bouillon qu'on lui donnait.

Ce n'était pas, disons-le pour être entièrement vrai, sans efforts et sans luttes que madame Lecerf en était arrivée à ce point de dévouement absolu. On doit avoir vu l'hôpital du bagne pour comprendre tout ce qu'il faut souvent d'héroïque courage à la sœur qui donne des soins aux forçats malades. Des maladies hideuses, des figures modelées sur des types horribles, mais par-dessus tout le bruit des chaînes qui se mêle sans cesse aux cris de la douleur, voilà le spectacle offert à toute heure. Par moment ce sont des convulsions effrayantes, des contorsions comme jamais l'esprit n'en a rêvées, des scènes de l'enfer, en un mot; et à tout cela, sœur Brigitte apportait secours, soins et consolations, ces secours et ces soins matériels qui nous répugnent et nous révoltent quelquefois quand nous les donnons à ceux qui nous sont chers, ces consolations qu'on ne saurait trouver que dans les cœurs d'élite. Calculez après cela la portée du dévouement de Clémence pour acquitter une dette de Lecerf.

Un jour, des visiteurs parcouraient l'arsenal. L'un d'eux, marin distingué et porteur d'une de ces figures qui n'ont jamais reculé devant un péril, voulut voir l'hôpital des forçats. Il entra au moment où sœur Brigitte était au chevet d'un malade qui râlait dans les convulsions suprêmes de l'agonie. C'était un spectacle affreux. Cet homme se tordait sur son lit de mort et semblait, avec désespoir, chercher à reprendre la vie qui s'échappait. Le visage avait une expression épouvantable ; c'était hideux et pénible à voir. Le marin suivait d'un œil inquiet et anxieux les mouvements du moribond. Sœur Brigitte murmurait à son oreille des paroles de paix et d'espérance, et en même temps frottait les tempes avec une liqueur propre à tempérer la souffrance. Paroles et liqueur produisirent leur effet ; la crise fut calmée ; la tranquillité revint, et sœur Brigitte allait passer à un autre lit quand le marin l'arrêta :

— Ma sœur, lui dit le vieux loup de mer avec une voix douce et pleine d'émotion, je suis commandant de vaisseau, j'ai vu la tempête et la bataille : je vous avoue que j'aimerais mieux prendre à l'abordage une frégate anglaise que d'accomplir ce que vous venez de faire. Vous êtes plus brave que moi, ma sœur.

— Dieu le veut ! répondit Clémence.

La vie de sœur Brigitte se serait uniformément passée dans ces soins, dans ce dévouement de tous les jours et de tous les instants, si parfois elle n'eût reçu la visite de quelques prêtres qui venaient lui parler de bonnes œuvres. L'un lui disait :

— Ma sœur, un pêcheur du Champ-de-Mars est parti naguère pour aller chercher une pêche abondante dans les parages des îles d'Hyères. Il laissait à terre une femme et trois enfants en bas-âge.

— Eh bien !

— Le lendemain de son départ, la tramontane s'est levée. Elle a pris sa barque à foc, et depuis douze jours, on n'avait plus entendu parler ni de l'homme ni de la barque.

— Achevez, monsieur l'abbé : dites, quel malheur était arrivé ?...

— Hier, on a retrouvé les épaves de la barque, et nous n'avons pu douter davantage du naufrage. La famille était sans ressources ; la veuve désolée ne savait comment nourrir ses enfants. Nous sommes venus à son secours, nous lui avons donné mille francs, et elle a béni la Providence.

Sœur Brigitte s'inclinait et répondait uniformément :

— Vous avez bien fait, monsieur l'abbé ; demandez à cette brave femme et à ses petits enfants de prier pour mon pauvre mari.

Quelques jours plus tard venait un autre prêtre, et celui-là disait :

— Dans un village près de Toulon, à La Vallette, il y avait un paysan de nous connu et qui vivait, lui et sa famille, du produit de mille pieds d'oliviers. C'est une richesse pour nos paysans que mille pieds d'oliviers! Aussi vivait-il dans l'aisance, et maintenant il est dans la misère !

— Ah! mon Dieu! et comment cela, monsieur l'abbé?

— Le froid a été très-précoce cette année ; nous avons eu deux gelées hors de saison ; tout ce beau plan d'oliviers est mort ; le paysan de La Vallette est complétement ruiné ; en ce moment, il est sans ressources.

— Mais il faut venir à son secours et très-promptement, monsieur l'abbé.

— Nous y avons pensé, ma sœur ; nous allions lui porter quinze cents francs, mais nous avons voulu vous prévenir.

— Faites, monsieur l'abbé ; tout ce que vous ferez sera bien fait ; demandez seulement à ce brave paysan des prières pour mon pauvre mari.

Une autre fois c'était un ouvrier employé à la forge de l'arsenal et qui avait eu les jambes brisées par la chute d'un billot de fer. il avait femme et enfants, c'était une misère à laquelle il fallait immédiatement venir en aide; et on lui portait douze cents francs en demandant des prières pour le mari de Clémence.

Puis c'était l'incendie qui exerçait ses dévastations; puis un ouvrier qui tombait d'un échafaudage : toutes les douleurs, toutes les misères humaines y passaient. Mais la Providence veillait alors sur les habitants de Toulon. Seulement elle venait toujours visiter et consoler les affligés sous la forme de prêtres qui demandaient, en guise de bénédictions, des prières pour le pauvre Lecerf.

Un jour, on vit arriver à l'hôpital un galérien grièvement blessé au bras gauche d'un coup de hache, et le docteur qui venait de le faire coucher dans un bon lit, disait à sœur Brigitte:

— Ma sœur, je vous recommande bien ce jeune homme ; il est digne de tout votre intérêt par sa bonne conduite et son éducation. Voyez comme il y a des gens malheureux en ce monde ! Ce pauvre diable, qui se nomme Benoît, est une victimes des mauvaises liaisons parisiennes. Il fait ici les plus louables efforts pour mériter quelques adoucissements dans son état. Tout-à-l'heure, comme il s'occupait à fendre du bois pour le service de l'infirmerie, il s'est fait une entaille à l'avant-bras gauche, et le voilà au lit pour trois semaines au moins.

Clémence, ou sœur Brigitte, fut saisie d'une émotion inexprimable, et ne put répondre que par un geste insignifiant.

— Mon enfant dit le docteur, à Benoît avec un ton de bonté touchante, ce ne sera rien ; ne vous inquiétez pas. Demain, je ferai votre pansement à six heures, et si vous ne dormez pas bien la nuit prochaine, vous rattraperez cela dans le jour.

Benoît fit un léger signe de tête, pour remercier le docteur qui s'approcha du lit d'un autre malade.

Sœur Brigitte, feignant de mettre en ordre les draps et les rideaux du lit de Benoît, échangea rapidement quelques paroles avec lui ..

— Madame, dit Benoît, moins abbattu qu'il n'en avait l'air, j'ai fait tout ce qu'un homme peut faire pour gagner une bonne maladie, la santé s'est obstinée à rester. N'est pas malade qui veut ; alors, j'ai pris une résolution énergique ; je me suis hardiment blessé au bras gauche ; ce n'est que la moitié d'un suicide ; c'est une chose si facile à exécuter ici, lorsqu'on est toujours prêt comme moi à un suicide complet !

— Souffrez-vous beaucoup? demanda Clémence.

— Ne vous inquiétez pas de ma souffrance, madame; je n'ai pas le droit de m'en plaindre devant la vôtre...

— Voyons, monsieur, interrompit sœur Brigitte; nous sommes maintenant sur le chemin de votre délivrance... Confiez-vous à moi. Quel est votre projet en sortant du bagne?

— Madame, demanda Benoît, avant de vous répondre, je voudrais savoir quelque chose...

— Dites, monsieur Benoît.

— Recevez-vous toujours les visites des prêtres de la paroisse?

— Toujours, ce matin encore j'en ai reçu.

— Eh bien! vous comprenez maintenant qu'il me faut un costume ecclésiastique, vous trouverez cela fort aisément en ville, et vous coudrez dans les doublures autant de pièces d'or que vous pourrez.

— Très-bien! monsieur, ce sera fait.

— Ensuite, madame, si mon évasion réussit, je ne ferai pas la sottise de rester en France. Je suivrai, de nuit, le littoral jusqu'à Gênes, avec un faux passeport qu'un de mes amis, très-expert, vient de me fabriquer, et j'irai m'établir à Madagascar, pour y vivre en honnête homme, à l'aide de votre saint exemple et de vos bonnes inspirations.

— Monsieur, dit Clémence, vous me rendez maintenant mon œuvre bien légère.

Je suis heureuse de penser que je suis pour quelque chose dans votre conversion.

— Et dès ce moment, dit Benoît, ne parlons plus ; comprenons-nous, et agissons.

Sœur Brigitte se retira et continua sa visite sur les deux lignes de l'hôpital.

Benoît ne comptait pas attendre sa guérison complète pour exécuter la dernière scène de son plan.

Pendant quinze jours, il y eut entre Clémence et lui un échange de regards et de signes qui remplaçait la parole inutile et délatrice. Puis vint le grand jour, et Clémence déposa dans le lit de Benoît le costume désiré.

Il était onze heures du matin ; Clémence examina la situation de l'hôpital. Les malades étaient peu nombreux, les lits voisins de l'une des portes et du lit de Benoît étaient vides, un prêtre venait de sortir.

Benoît, voilé d'un pan de rideau, fit sa toilette d'évasion. Son front dégarni se coiffa d'une perruque sacerdotale, et cette transformation importante communiqua tout de suite à sa figure une expression sereine qui défiait tous les Lavater préposés aux inspections du bagne : quand il fut prêt, il attendit le signal de Clémence Lecerf.

Ce signal se fit attendre longtemps, parce que sœur Brigitte ne voulait pas compromettre la réussite, au moment décisif. Enfin, lorsque pas un seul regard sur les lits n'était tourné du côté de la porte, Clémence ouvrit une fenêtre et regarda le ciel.

C'était le signal convenu.

Benoît descendit l'escalier de l'hôpital, la tête haute, et répondant par des saluts paternels aux employés et aux gardiens qui s'inclinaient devant son habit. Arrivé sur le terrain de l'arsenal, il prit une démarche grave et lente, et passa le pont du premier canal, en donnant un regard naturellement calme aux deux pièces de canon qui sont, là, braquées pour donner le signal d'alarme, dans les cas d'évasion.

En passant devant la tour de l'horloge, il regarda l'heure au cadran, et défaisant trois boutons de sa soutane, sur la ceinture, il tira sa montre d'argent, et la régla sur l'heure de l'arsenal, qui jouit d'une bonne réputation d'exactitude dans Toulon.

Restait à franchir le pas le plus redoutable, la grille et la voûte de sortie. Ce défilé est toujous rempli de cerbères de profession et de physionomistes éprouvés. Benoît le traversa entre deux lignes de regards fauves que sa bonne mine aveugla subitement; il toucha bientôt, sous ses souliers à boucles d'argent, la terre libre, la terre de la vertu; le port se montra à sa droite; il suivit le quai, jusqu'à la porte du rempart qui mène au port marchand, et ouvrant son bréviaire, il se dirigea nonchalamment vers ce sentier de douane, taillé sur les rocs du rivage, depuis Lamalgue jusqu'au cap Brun.

IV.

L'ÉVADÉ.

S'il y avait en Égypte, en Grèce et sur les côtes des deux grandes péninsules, un rivage aussi beau que celui qui s'étend de Toulon au cap Brun, les paysagistes partiraient chaque jour et à chaque instant pour dessiner cette merveilleuse chose étrangère, et la publier par livraisons chez les éditeurs pittoresques du boulevard; mais ce paysage étant une chose française, aucun peintre ne se dérange pour elle, excepté Courdouan qui est domicilié à Toulon, et qui ne se dérange pas lorsqu'il peint les admirables aquarelles dont l'original est sous ses yeux.

Le forçat qui s'évade du bagne se soucie fort peu de ce paysage; pour lui, ce n'est pas une splendide décoration de la mer, c'est un abri contre les gendarmes persécuteurs. Il y a une telle succession de pins, de sycomores, de chênes verts, de chênes liéges, de lentisques, de trembles suspendus aux lèvres des gouffres, penchés sur la mer, courant sur les crêtes des collines ou comblant les précipices, qu'un homme, atome imperceptible, disparaît au milieu de cette création luxuriante comme un insecte sur un cèdre du Liban!

Cependant Benoît, se souvenant des préceptes de Rousselin, au chapitre des précautions, cheminait sur les sentiers des chèvres avec la même prudence que s'il se fût trouvé dans le jardin du Luxembourg; il tenait toujours les yeux fixés sur son bréviaire, ayant même le soin de tourner la page, comme s'il y avait eu, derrière les arbres, des espions calculant les lignes qu'on peut lire dans une minute. A longs intervalles, un chasseur le côtoyait, en le saluant avec respect, et le douanier vert du chemin de ronde lui cédait l'espace étroit, par déférence, et se recommandait à ses prières en passant.

Au milieu du silence de la montagne et de la mer, une série d'échos apporta un coup de canon à l'oreille de Benoît et le fit tressaillir, comme si la voix de l'air, le bruit des vagues, le murmure des feuilles, eussent prononcé son nom. Il s'arrêta comme malgré lui, et le même signal du bagne se fit entendre une seconde fois. Un pâtre sans troupeau traversait un pont agreste jeté sur un abîme, et se rencontrant avec Benoît, il dit en provençal :

— Voilà le second galérien qui s'échappe cette semaine.

Les mots *second galérien*, quoique prononcés en langue étrangère, furent compris de Benoît et lui servirent à expliquer le reste de la phrase ; pour toute réponse, il ferma le livre, poussa un soupir et regarda mystiquement le ciel.

Ainsi, pensa Benoît, voilà toute la campagne avertie par ce coup de canon, entendu de si loin. On sait à dix lieues à la ronde que le malade de l'hôpital s'est évadé. Il y a une meute innombrable de levée contre moi ; je suis mis à prix.

En réfléchissant sur sa position, il parvint à se rassurer par une réflexion assez juste.

Ordinairement, se dit-il, les galériens qui s'évadent n'ont point d'argent sur eux, et le paysan qui les livre gagne quelques écus et reste sourd à la pitié. Le paysan est peu compatissant de sa nature, et fort intéressé, comme tout exilé des villes, qui gagne son pain à la sueur de son front. Mais, avec moi, ce sera autre chose. Je porte toute ma fortune sur moi, comme Bias, mais je suis plus riche que ce pauvre

Grec. Même, je puis dire que je suis cousu d'or.

Je puis enrichir deux ou trois paysans, et les rendre sensibles en ouvrant la doublure de mon habit, qui est le plus respectable des coffres-forts. Ainsi, ne nous désespérons pas. — Et puis, qui oserait soupçonner sous cet habit le forçat évadé! Allons, bon courage, Benoît! nous arriverons à bon port!

La nuit approchait; le fugitif voyait devant lui un golfe charmant, et de l'autre côté les fortifications du cap Brun, qui couvrirent la glorieuse retraite du vaisseau le *Romulus*. Benoît quitta le littoral, s'enfonça dans la campagne, et revoyant bientôt la mer qu'il avait perdue, il la suivit jusqu'à la plage de Carqueirane, ne rencontrant qu'à de longues distances un douanier mélancolique surveillant la contrebande du sel, et jetant pierre à pierre les antiquités romaines à la mer. C'est ainsi que le douanier charme ses ennuis, depuis l'Herculanum provençal de Taurentum, devant la Ciotat, jusqu'à Pompaniana, devant Hyères. Tous ces vénérables vestiges se sont fondus en ricochets sous la main désœuvrée du douanier sarrazin et provençal.

Cela soit dit en passant, et puisse l'administration des douanes réfléchir sur ce paradoxe, et écrire une circulaire conservatrice à ses lointains administrés.

Les étoiles luisaient, et à force d'être nombreuses et claires, elles remplaçaient presque le jour; Benoît suivait un rivage désert et triste, et voyait s'allonger devant lui un promontoire mince et aigu comme la proue d'un vaisseau. Les îles d'Hyères se montraient comme de noirs volcans éteints au milieu de la mer.

Sur ce point du littoral, les ruines romaines abondent et se voilent de mousse, de lierres, de câpiers, de lentisques, comme pour tromper la main du douanier qui ne respecte aucune pierre nue. C'est là que Pomponianus vint aborder en 79, après le désastre du Vésuve, et fonda une ville qui lui rappelait le golfe de Baïa par sa position charmante. Pline, en racontant la mort de son oncle qui commandait la flotte ancrée au cap Misène, cite ce mot : *verte ad Pomponianum* ; ce qui achève d'expliquer la fondation de la ville romaine dans le golfe d'Hyères. Pomponianus ne voulait plus vivre dans le voisinage d'un volcan.

Il est triste de descendre de ces hauteurs historiques à l'itinéaire d'un forçat, mais comme dit le poète :

> Un lion mort ne vaut pas
> Le moucheron qui respire.

Benoît est plus digne d'intérêt que l'ami de Pline l'Ancien. L'échappé de Naples doit être oublié pour l'échappé de Toulon.

Comme Benoît passait entre la mer et les bains ruinés de Pomponianus, une forme hideuse se leva comme un fantôme parmi les hautes bruyères, et marcha vers le petit sentier.

— C'est un douanier, pensa Benoît.

Le fantôme barra le chemin au galérien, et lui dit en bon français :

— N'ayez pas peur, monsieur le curé,

je ne vous ferai aucun mal ; mais comme j'ai besoin de votre habit, ne le défendez pas.

Benoît qui sortait du bagne devina du premier coup d'œil à quel fantôme de soir il avait affaire ; son linge rude et grisâtre, son teint brûlé par le soleil et la mer, et surtout la coupe de ses cheveux, indiquaient le galérien évadé récemment. Sa parole était douce pour un galérien, mais le bâton noueux qu'il tenait avec vigueur était moins rassurant que la voix.

— Ne m'oblige pas à t'assommer, dit l'évadé à l'autre évadé ; il me faut tes habits, et ne balance pas. Le douanier va venir.

Benoît hésitait toujours et se préparait à tomber à l'improviste sur son spoliateur, lorsque celui-ci ajouta :

— Tu vas m'obliger à tuer un douanier et à te tuer toi-même... Tiens, regarde comme je manie ce bâton, et comme je puis descendre deux épaules à la hauteur du genou en un clin d'œil. Mon arme ne fait pas de bruit. Je laisse les pistolets aux imbéciles.

Et le galérien exécuta un *moulinet* avec une dextérité formidable ; on ne voyait pas tourner le bâton, on l'entendait siffler.

— Veux-tu te faire couper en deux, mon ami ? ajouta-t-il, en mettant son bâton au repos, comme Hercule sa massue.

— Mon ami, dit Benoît avec une douceur obligée, je désire que mon habit vous soit utile ; mais je vais rester à peu près nu, et vous n'avez rien à me donner en échange.

— Si j'avais un habit, je ne te demanderais pas le tien, dit le forçat. Il y a deux jours que j'attends un habit au passage, je n'ai vu que des douaniers, c'est un mauvais déguisement, leur uniforme vert; j'aime mieux cette robe noire et ce chapeau à trois cornes : avec cela, dans ce pays dévot, on passe partout, et on ne craint rien. J'ai des jarrets d'acier et les poumons larges ; quand je me serai déguisé avec ta défroque, en trois bonds je change de département ; ainsi je ne crains pas que tu me dénonces à quelque procureur du roi, et je m'épargne le désagrément de t'assommer... Allons, exécute-toi de bonne grâce ; je ne suis méchant que pour défendre ma vie, ne m'irrite pas.

Le galérien serrait Benoît de près, et sa

taille athlétique ne donnait aucune envie de lutte à son adversaire; il fallut céder et tout donner, car le tigre déchaîné rugissait déjà.

En cette rencontre périlleuse, Benoît ne dut la vie qu'à l'habit qu'il portait, habit respectable, même aux yeux d'un galérien; il se garda bien de parler des pièces d'or cousues dans les doublures, de peur d'élever quelques doutes sur sa véritable profession, de perdre le bénéfice conservateur de la robe noire, et d'être assassiné comme un fourbe indigne de commisération.

Benoît gagna les montagnes voisines avec toute l'agilité de sa verte jeunesse, et dans l'état de dénûment presque absolu où l'avait laissé son confrère, il redoutait de rencontrer l'ombre même d'un passant, car l'absence d'un costume quelconque est, pendant la nuit, la plus terrible des délations. Il courait donc au hasard, ne comptant que sur le hasard pour trouver le salut au milieu de ces bois, de ces campagnes, de ces collines qu'il connaissait moins qu'une île de l'océan du Sud.

Devant la rade de Toulon, dans tout cet Eden qui s'étend jusqu'aux jardins enchantés d'Hyères, on rencontre à chaque pas sur les plateaux et les versants des collines les plus charmantes maisons de campagne qui soient en Provence ; elles ont toutes le même point de vue, la mer, la rade, les vaisseaux, c'est-à-dire le tableau le plus riant et le plus animé. Durant les longues soirées, les familles qui habitent ces petites villas, comme celles qui habitent leurs sœurs, les villas italiennes, se rassemblent l'été sur les terrasses et dans les salles basses pendant la mauvaise saison. Tout-à-coup, lorsque, dans le silence de la campagne, retentit le canon d'alarme et s'éteignit d'échos en échos, de la colline de Lamalgue au pic de Coudon, un mouvement électrique de terreur courut avec les échos, et le soir troubla les douces causeries dans les veillées domestiques. Il semble alors que chaque famille isolée va voir tomber au milieu d'elle quelque tigre à face humaine échappé de la ménagerie de l'arsenal de Toulon.

Au milieu de la terreur générale qui planait sur la campagne après le coup de canon, une seule famille avait conservé sa sécurité. Étrangère, depuis quelques jours à peine à Toulon, elle n'avait personne pour lui donner l'explication du signal d'alarme, et le regarda comme un accident fort naturel dans une ville de guerre.

L'aveugle hasard, ou pour mieux dire l'intelligent conducteur de la fatalité, poussa Benoît dans la direction de la campagne habitée par madame de Brunières. Agile et vigoureux, ses bonds ressemblaient plutôt au vol d'un oiseau ou aux élans de la panthère qu'à la marche précipitée de l'homme. Arrivé sous les grands arbres de la maison de madame de Brunières, il jugea le terrain avec cet instinct que la nature donne à l'être fauve, et, grimpant comme un mandrille le long d'un pieu renversé sur la façade de derrière, il entra dans les appartements du premier étage. Cinq minutes écoulées, il avait tout visité, tout vu dans les ténèbres, comme s'il se fût éclairé à la flamme de sa chevelure ou de ses yeux.

Si cette espèce d'hommes appliquait au bien les facultés puissantes qu'elle applique au mal, le genre humain serait bientôt régénéré.

Benoît était entièrement dépouillé. Il trouva sur un meuble des vêtements d'homme qu'il endossa à la hâte, et dans un sécrétaire quelques piles d'écus qu'il serra dans les premières feuilles de papier qu'il sentit grincer sous sa main. Il se contenta de cette petite somme suffisante pour les besoins urgents, et d'un bond il sauta de la croisée dans la terre labourée du jardin.

Au premières lueurs de l'aube, il avait atteint le pic volcanique d'Evenos, qui mêle sa lave éteinte aux nuages. Là, il rencontra un berger, et combinant immédiatement un nouveau plan dans sa tête, il lui acheta sa défroque et quelques moutons. A leur tête, et par des sentiers de chèvre, il descendit, le bâton à la main, dans la plaine du Bausset.

Sachant qu'une grande route mène toujours à une grande ville, Benoît suivit ce blanc et long ruban qui serpente de la chapelle de Sainte-Anne à la plaine de Cuges, et chemin faisant, il saluait les gendarmes qui conduisaient les réfractaires, les marins en congé, les soldats arrivant d'Afrique, les saltimbanques et les orgues de Barbarie, tout ce curieux personnel de piétons qui peuple sans cesse la route de Toulon à Marseille.

Il entra, protégé par la nuit, dans cette ville, après avoir abandonné ses moutons et loua une chambre modeste dans une auberge de la rue du Baignoir, où on loge à pied et à cheval, mais surtout à pied.

A Marseille, Benoît voulut reprendre le plan qu'il avait conçu à Toulon ; mais la tâche était devenue plus difficile, et pour réussir, l'ex-avocat avait besoin de tout son génie. D'abord il ne quitta pas subitement son costume indigent, de peur qu'une trop prompte métamorphose ne le compromît aux yeux de l'aubergiste. Il se transforma pièce à pièce, achetant et revêtant en détail sa nouvelle toilette ; puis, il se logea dans une hôtellerie plus distinguée, ayant eu soin de déguiser, non-seulement la couleur de ses cheveux et de son teint, mais encore sa taille, sa démarche et sa voix. Sûr de dépister les limiers de la police, il se mit en quête de quelque pauvre diable comme on en trouve dans ces repaires d'eau-de-vie et de tabac que les grandes villes recèlent honteusement à l'ombre des plus hideux quartiers. Il voulait rencontrer une de ces natures flétries et viciées dans leur germe, et qui ne demandent qu'à revivre et à se régénérer sous un ciel plus clément ; un de ces esprits énergiques et aventureux qu'écrase le milieu social dans lequel ils vivent et, qui, transplantés ailleurs, se transforment subitement et deviennent les plus vertueux des hommes.

Lavater et Gall sont deux enfants auprès d'un forçat évadé de Toulon. Celui-ci est doué, pour reconnaître les hommes, d'un sixième sens. Benoît remarqua dans un antre alcoolique du vieux Marseille un jeune homme de vingt-cinq à trente ans, d'une figure pâle et nerveuse, ayant dans la nonchalance de son maintien tous les symptômes de l'horreur du travail. Le costume de cet être annonçait, sous son délabrement, une certaine aisance que la paresse dévasta ; chaque pièce de ses vêtements avait joué un rôle aux potences d'un tailleur en renom, à une date oubliée par le journal des Modes. Mais ce qui surtout trahissait une misère fétide, c'était une de ces cravates fondues en charpie et qui dissimulent fort mal l'absence du linge intérieur.

Benoît se lia bientôt, par la sympathie de quelques petits verres d'*eau-de-mort*, avec cet homme, et il ne tarda pas à reconnaître dans ce nouvel ami une de ces organisations qui cachent une grande force sous leur indolence, mais qui ne sont mises en mouvement que par l'influence extérieure d'un pouvoir dominateur. Cependant l'habile Benoît employa plusieurs jours à sonder cet homme avant de l'élever à la dignité de complice de ses projets, et lorsqu'il crut devoir arriver à la confidence, après quelques largesses d'écus de cinq francs, l'un des deux devint un esclave aveugle et l'autre un maître souverain.

Ce jeune homme se nommait Simon Favert; Benoît déploya toute son éloquence et tout son art pour le décider à le suivre à Paris, où il lui promettait une fortune; ce qui fut accepté. Le pauvre accepte toujours une fortune, même au futur. En échange, Benoît lui demanda son passeport, et il se composa une figure assez conforme au signalement vague de Simon Favert; il s'ajouta même un *signe particulier*, qui était une légère cicatrice au menton.

— Quant à toi, disait-il à son nouvel ami, je te trouverai un passeport au premier jour, quoiqu'il ne te soit pas aussi nécessaire qu'à moi.

— Je bénis le hasard, se dit Benoît, qui m'a forcé de rentrer en France. Il me reste à éclaircir un doute qui ferait le tourment de ma vie. Lecerf est-il mort ou vivant? Je n'existe plus comme Benoît, grâce à ma métamorphose; je suis Simon Favert, et je ne crains rien... Allons à Paris.

## V.

**LES DEUX ÉVADÉS.**

En arrivant à Paris, Benoît se voyait sans ressources, avec son nouveau camarade, mais il avait l'espoir de trouver tout de suite quelques secours au château de Bougival, en apportant des nouvelles de

Clémence, ou d'y partager une fortune, si comme Arnauld de Fabre l'avait affirmé, Lecerf n'était pas mort. Cette dernière hypothèse était la plus probable ; car à ses yeux, l'affirmation d'Arnauld ne pouvait être accusée de faux, tant était grande la confiance que l'ex-notaire inspirait à Benoît, lorsqu'une signature ne se trouvait point au bas de son affirmation.

Benoît, admirablement déguisé, d'après l'école de Rousselin, et ne se reconnaissant pas lui-même, en passant devant les devantures de boutiques, traversa Paris, et tenta une pointe sur Bougival pour établir des conjectures à l'inspection des localités. La physionomie du parc et du château avaient une tristesse qui ressemblait à un deuil. Les allées, détrempées par la pluie, ne montraient aucun vestige de pas humains; les fenêtres et les portes étaient fermées ; une teinte verdâtre voilait comme un tapis les dalles de la terrasse. Toutes les choses mortes, en l'absence des vivantes, pleuraient les maîtres du château.

La poignée de fer de la sonnette était si rouillée, qu'aucune main ne paraissait l'avoir touchée depuis bien longtemps; les portes avaient la nuance de ces portes de fer tumulaires qui ne s'ouvrent qu'à longs intervalles pour recevoir un nouveau mort qu'une famille envoie au dépôt commun. Aussi Benoît ne crut pas commettre une grande imprudence, en agitant la sonnette, comme on aime à pousser un cri dans un désert, avec la certitude que personne ne répondra, ce qu'on se garderait bien de faire sur un boulevard de Paris.

A la grande stupéfaction de Benoît, le coup de sonnette donné sans espérance trouva un écho vivant dans ce domaine de la désolation. Une voix cria : *On y va !* Ces trois mots furent si tristes à entendre, que Benoît allait se retirer lorsqu'un homme parut sur la terrasse du château et entra dans l'allée de la grille, de ce pas nonchalant qui est l'agilité ordinaire d'un château.

Ce pas nonchalant frappa l'œil sagace de Benoît ; il avait vu marcher beaucoup d'hommes avec cette allure étrange qui laissait en arrière toutes les habitudes somnolentes de tous les portiers connus ; mais ce qui étonna davantage notre observateur, ce fut le changement subit que l'homme opéra dans sa démarche, lorsqu'il aperçut le sonneur collant son visage sur la grille du château. Ce portier ou ce simulacre de portier ne traînait plus sa jambe gauche ; il menait parfaitement sur le même équilibre ses deux pieds, il marchait comme tout le monde, excepté les boiteux.

Il n'y a que les observateurs doués d'une perspicacité instinctive et continuelle qui remarquent ces petites choses, ces détails, ces nuances. En général, l'homme est fort étourdi et n'observe rien. Étonnez-vous après cela qu'il soit ignorant.

A cette interrogation brusquement faite: Que demandez-vous ? Benoît demeura interdit cinq secondes ; c'est tout le temps que demandent pour bien répondre ceux qui sont doués de la présence d'esprit.

— Je viens ici pour une affaire très-importante , dit Benoît d'un ton mystérieux.

Le portier fit un mouvement qui parut involontaire au regard scrutateur de Benoît.

— Ah ! dit-il avec une indifférence affectée, vous venez pour une affaire importante ; alors, probablement, vous vous trompez de château.

— Vous verrez que je me trompe pas, dit Benoît avec un sourire conciliateur ; ouvrez-moi !

Le portier parut se faire une certaine violence pour obtempérer à cette injonction, mais il ouvrit, et la mauvaise grâce de cette obéissance n'échappa point à Benoît.

— Ce château, dit Benoît en franchissant le seuil de la grille, appartient à madame Debigny ou d'Aubigny, n'est-ce pas?

— Après? dit le portier.

— Eh bien! je voudrais parler à la maîtresse de la maison.

— Elle est morte.

— Mais il y a, sans doute, quelqu'un de sa famille?

— Non, il n'y a que l'intendant ou l'homme d'affaires, et c'est moi.

— Alors, je puis causer avec vous.

— Causons.

Le ton étrange de cet intendant déconcertait un peu le calme de Benoît, mais il n'y avait plus moyen de reculer; le premier pas était fait, il fallait aller jusqu'au bout.

— Je suis le gérant d'une petite compagnie, dit Benoît; elle se nomme *Compa-*

*gnie vicinale.* En avez-vous entendu parler ?

— Jamais, monsieur.

— Elle fera quelque bruit sous peu... Je me nomme Simon Favert.

L'intendant s'inclina légèrement, et sourit, avec une teinte imperceptible de de malignité. Benoît, qui remarquait tout, fit semblant de laisser passer ce sourire sans le remarquer.

— Voici, poursuivit Benoît, le but de la *Compagnie vicinale :* elle se propose de relier par des petits tronçons d'embranchements toutes les grandes lignes de chemins de fer aux petites localités voisines. Ainsi, prenons Bougival, par exemple ; on arrive à la station, et on a besoin d'un omnibus, d'une charrette, d'un coucou invalide, tranchons le mot, pour arriver à

Bougival, et *vice versâ*. C'est un inconvénient absurde que la *Compagnie vicinale* réformera. En Angleterre, il y a dans le comté de Lancastre, entre Birmingham et Manchester, de simples particuliers qui ont établi, à leurs frais, un petit rail-way de poche, *pocket's rail-way*, pour se rendre de leurs châteaux à la grande ligne routière. Voyez comme ils sont avancés, nos voisins! et comme nous sommes en arrière, nous! La *Compagnie vicinale*, autorisée bientôt par le gouvernement, va débuter par Bougival. Nous vous ferons construire une miniature de *rail-way*, qui coupera cette plaine jusqu'à la rivière, en côtoyant le parc de ce château, par une *tangente* à l'ouest.

L'accent magistral et résolu de Benoît, pendant cette dissertation, parut faire une impression favorable sur l'intendant. Il était, en effet, difficile de prendre pour un aventurier, ou un ravageur de campagne, un homme qui s'exprimait avec tant d'assurance et d'autorité.

— Consentirait-on à céder, bien entendu moyennant indemnité raisonnable, une fraction de parc, là, de ce côté? demanda Benoît, en désignant l'ouest.

— Pourquoi pas, dit avec douceur l'intendant, si on paie bien?

— Oh! la *Compagnie vicinale* ne lésine jamais. Nous opérons sur un premier fonds social de quarante millions.

— Diable! c'est un beau dernier! remarqua l'intendant, et il n'y en a pas autant pour les *gourgandins*.

A ce mot qui opéra sur les lèvres de l'intendant un mouvement de regret, Benoît, fixa un œil aigu comme un poignard sur la figure de son interlocuteur. Ce regard fut un éclair, mais il suffit pour faire remarquer l'émotion de l'intendant, et découvrir sous sa mince et flottante cravate une de ces carnations brunes que le soleil de Bougival n'a jamais peintes dans la banlieue de Paris, et qui appartiennent aux ardentes natures du Midi.

Cette observation conduisit Benoît à une autre. L'œil subtil, l'œil qui a la fine perception des harmonies morales des traits du visage, découvre une ressemblance singulière entre les individus qui vivent en congrégation, ne se perdent pas de vue un instant, et sont obligés de se revoir même dans leurs songes. Ainsi les religieux du même couvent, les vieux soldats, se ressemblent tous. Bien plus, après trente ans de mariage bien assorti, un mari ressemble à sa femme, ainsi que l'auteur de cet ouvrage croit l'avoir démontré, il y a dix à douze ans, dans son roman *Anglais et Chinois*.

On verra bientôt quel parti Benoît tira de ces observations.

Comme tous les êtres subalternes, cet intendant, d'abord si fier dans son emploi, subissait l'ascendant mystérieux d'un homme supérieur, et tournait dans son orbite comme un astre mort autour d'un astre embrasé. Benoît avait pris des airs d'ingénieur des ponts-et-chaussées ou d'inspecteur de coupes sombres; il examinait le terrain, appréciait la valeur de l'hectare, étendait ses mains à droite et à gauche en prononçant des nombres mystérieux, comme un nécroman en fonctions, et l'intendant le suivait pas à pas, en répondant aux questions avec des phrases souvent caractérisées par un de ces mots étranges que l'habitude a incrustés sur les lèvres et qui résistent, à notre insu, à toutes les purifications.

— Vous devez connaître le pays, dit tout-à-coup Benoît, après avoir aligné beaucoup de chiffres sur son calepin, croyez-vous que la Compagnie vicinale puisse trouver beaucoup d'ouvriers à Bougival?

— Oh! oui, il y a beaucoup d'ouvriers chez nous, mais peu pour des chemins de fer.

— Mais, continua Benoît du ton le plus naturel, nous ne demandons que de simples ouvriers terrassiers. Le ministre va prendre une bonne décision, ajouta-t-il avec une nonchalance distraite, et l'œil fixé sur le visage de l'intendant ; il va ordonner d'employer aux grands travaux des routes les forçats de Brest, de Rochefort et de Toulon. Ils seront gardés sévèrement par des troupes, afin d'empêcher des évasions qui seraient un vrai fléau pour les populations agricoles. Au reste, ce sera la seule manière d'employer des gens qui ne travaillent point, sous prétexte qu'ils sont condamnés aux travaux forcés.

L'intendant s'agitait sur ses pieds pour trouver une pose respectable, et il souriait sérieusement avec des signes d'approbation.

Benoît, qui était venu dans ce domaine avec un projet vague d'y découvrir quelque chose, crut devoir, après cette dernière épreuve, se persuader qu'il n'avait pas perdu son temps pour aller plus loin, il avait besoin de cette persuasion intime. Feignant d'être fatigué de son inspection à travers le parc et le domaine il attira, lentement, par de petites questions successives, l'intendant jusqu'à la grille du parc, et là, changeant subitement de ton et de visage, il dit :

— Cette propriété est cernée par la police : j'ai amené vingt hommes avec moi, et ils vont se montrer. Vous êtes mon prisonnier ; je savais que vous étiez caché ici. Point de résistance, on a ordre de faire feu sur vous, comme sur tous les animaux errants de votre espèce.

L'intendant fut saisi d'un tremblement convulsif et s'écria :

— Mon Dieu ! le malheur me poursuivra donc toujours !

Il n'essuya point deux larmes qui tombaient avec ces paroles, il les arracha.

Le désespoir illumina ses yeux secs d'un rayon sombre ; si la rivière eût coulé devant lui, il s'y serait précipité.

— Faut-il être malheureux ! ajouta-t-il. Mais pourquoi y a-t-il dans ce monde des gens qui naissent pour compenser le bonheur des autres ? J'ai fait une première faute ; je l'ai expiée. Je suis ici tranquille, décidé à vivre comme un honnête homme, à me purifier de mes souillures du bagne, dans cet air si pur qui inspire les bons sentiments ; à consoler ma vieille mère, et voilà qu'on m'arrache de mon désert, où je vivais tranquille, pour me ramener à la chiourme, où je prendrai les mœurs des brigands ! Prenez un ange, et vous en ferez un diable, si vous le flétrissez !

Benoît favorisa cette expansion par un silence observateur, et lui dit, en modifiant la sévérité de sa parole :

— Tu viens de parler avec un accent de sincérité qui m'a ému, et peut-être pourrai-je faire quelque chose pour toi, si tu continues d'être sincère. Voyons, explique-toi franchement, et sache bien que tu parles devant un homme qui découvre une fausseté dans une intonation, et qui peut la punir... Réponds vite et sans réticences... Comment te trouves-tu ici, au château de Bougival, en qualité d'intendant ?

Benoît croisa les bras, posa un pied en avant et regarda fixement son homme.

— D'abord, répondit-il avec une fermeté honnête, il y a, dans toute cette affaire, des secrets qui ne m'appartiennent pas, et, s'il fallait trahir ou celui qui m'a sauvé la vie, pouvant la prendre, ou celle qui m'a donné un asile généreusement pour me réhabiliter avec le monde, j'aimerais mieux reprendre la chaîne du galérien et je vous dirais : Ramenez-moi à Toulon... Je ne dirai que ce que je puis dire, sans porter préjudice à mes bienfaiteurs.

— Voyons si cela me suffira, dit Benoît.

— Je suis venu dans ce château, pour la première fois, déguisé en colporteur et avec la mission secrète d'espionner ce qu'on y faisait, ce qu'on y disait. Celui qui m'avait donné cette mission m'avait fait du bien...

— C'était un homme de la police, j'en suis sûr, dit Benoît.

— C'est possible ; mais je ne l'affirmerai pas.

— Où l'avais-tu rencontré ?

— Je l'avais rencontré... dans un café de la rue Boucherat.

— Pourquoi as-tu hésité dans ta réponse ?

—Parce que je cherchais le nom de la rue.

— Il y a du faux dans ce vrai ; je m'en aperçois à ton trouble ; mais n'importe ; continue, et prends bien garde à toi ; au premier signal, mes hommes de police seront ici.

— Pour obéir à mon bienfaiteur, je jouai donc le rôle d'espion et avec succès ; mais je découvris dans ce château tant de malheur, tant de larmes, tant de bonté...

— Et ajoute tant de richesse, interrompit Benoît d'un ton railleur.

— Eh bien ! oui, je serai franc, continua l'autre, tant de richesse ; de sorte que je passai bientôt d'un camp dans un autre, et j'offris mes services à ceux que je venais espionner. En récompense, on me plaça dans la ferme avec d'excellents honoraires, et je devins pour ainsi dire le maître de ce château sans maître...

— Et qu'était devenu le maître ? demanda Benoît brusquement.

— Le maître... ce pauvre M. Lecerf...

— Oui... oui... réponds, qu'était-il devenu ?

— Il était mort...

— Et sa femme... voyons, achève... sa femme... Clémence Lecerf ?...

— Sa femme... elle s'est retirée en Normandie après la mort de son mari.

— Tu mens! dit Benoît avec une voix stridente, tu mens! sa femme est à Toulon, et tu le sais... Ah! tu me regardes avec des yeux effarés!... tu crois qu'un imbécile comme toi peut tromper la justice? Nous savons tout.

— Je le vois bien, dit piteusement l'autre; mais excusez-moi... Si vous saviez tout ce qu'on m'a fait jurer.

— Et Lecerf! Lecerf! ajouta Benoît... Tu mens encore, quand tu dis qu'il est mort... Lecerf est vivant, je le sais.

A ces mots, prononcés du ton résolu d'une affirmation foudroyante, le malheureux se troubla et garda un silence trop expressif.

— Lecerf est vivant ; je veux le voir ; je veux lui parler tout de suite.

— Oh ! monsieur, dit l'autre, ne demandez pas l'impossible. Oui, M. Lecerf n'est pas mort. On ne peut pas vous tromper, je le vois ; mais il n'est pas ici.

— Conduis-moi chez lui, sur-le-champ.

— Hachez-moi en morceaux ; je ne ferai pas cette lâcheté, foi de Grégoire Mâchefer ! dit l'autre d'un ton qui mit en consternation Benoît.

— Grégoire, je vais donner le signal à mes agents, dit-il, et dans cinq minutes je te fais mettre les fers aux pieds et aux mains.

— J'attends, dit Grégoire confondu, mais avec impassibilité.

Benoît fit un mouvement et s'avança

sur la route comme pour appeler, mais Grégoire ne bougea pas.

— Écoute, dit-il, je respecte ta fidélité; mais tout peut s'arranger très-bien... Te charges-tu de porter une lettre à Lecerf?

— Oui, monsieur... mais à condition que je ne serai pas suivi.

— J'accepte ta condition; mais j'en fais une à mon tour : je recevrai demain une réponse, poste restante, à mon adresse Simon Favert.

— Je ferai la commission.

— Sois fidèle à ta parole, Grégoire; maintenant tu me connais, et tu sais que je puis te découvrir dans les entrailles de la terre pour te ramener au bagne... attends... je suis à toi en quelques minutes.

Benoît écrivit au crayon une lettre

courte, mais suffisante, et dont l'effet devait être remarquable.

— Voilà ce qu'il faut porter tout de suite à Lecerf, dit-il en la remettant à Grégoire Mâchefer, après quoi il fit un geste mêlé de menace et de bienveillance, et sûr d'être obéi, il s'éloigna du domaine de Bougival.

Grégoire vit Benoît disparaître sous les arbres de l'ancienne route. Cette disparition lui rendant sa liberté, sans perdre une minute, il courut à la station du chemin de fer, arriva en quinze minutes à Paris, prit un cabriolet dans la rue d'Amsterdam et descendit sur le boulevard du Temple, une demi-heure après son départ du château ; l'espace avait été franchi au vol de la vapeur et du cheval, deux ailes de Mercure, que tout le monde porte aujourd'hui à ses talons.

Grégoire monta par un ruelle basse à un chantier de construction, où il trouva, au milieu des ouvriers et des décombres, le marin Maurice Aubigny, couvert d'une blouse poudreuse, et surveillant les travaux d'un œil de propriétaire. Le jeune homme réprima avec énergie une émotion, en voyant Grégoire dont la mine n'était pas rassurante, et se mettant à l'écart, il lui dit d'un ton empressé :

— Il y a du nouveau, sans doute, et du fâcheux, je le vois à votre air.

— Pardon, monsieur Maurice, dit Grégoire; il faut que je parle à M. Lecerf tout de suite.

— Eh bien ! allez, dit Maurice, il n'y a aucun risque. Les ouvriers ne travaillent plus dans le jardin. La salle de billard est finie. J'ai même fait poser le billard hier. On travaille au troisième étage, maintenant. Ma maison sera habitable dans deux mois.

La salle de billard était construite isolément au fond de cette cour pleine de hautes herbes, où Grégoire Mâchefer avait trouvé l'issue du souterrain. On comprend sans trop longues explications que Grégoire s'étant mis au service des Aubigny, dans ce moment terrible où Lecerf redoutait d'être pris à Bougival et partout ailleurs, avait proposé un asile sûr, où l'œil de la police ne pénétrait pas. Maurice, venant en aide à son cousin, avait acheté, comme c'était alors la mode, sous son nom ce chantier où une construction allait se faire. Grégoire avait reçu pour ce service plus d'argent que la trahison ne lui en aurait donné. Un mur épais, nouvellement bâti, séparait le caveau de Grégoire des galeries souterraines fréquentées par Rousselin. Le maître et l'élève n'étaient séparés que par ce mur, et grâce à la discrétion à la fois honnête et intéressée de Grégoire, les deux proscrits, ces deux morts vivants, ne se doutaient pas qu'ils vécussent en voisins.

Grégoire passa sous le billard, ouvrit une petite trappe qu'il avait construite lui-même, avec un art infini, et descendit au souterrain.

Lecerf était étendu sur une couchette, dans une petite chambre que nous connaissons déjà, et qui depuis bien des siècles, sans doute, recueillait des héritages de proscription, d'ennui et de désespoir.

Grégoire raconta brièvement tout ce

qui venait de se passer au château de Bougival, et Lecerf écouta ce récit avec calme, et même avec une certaine satisfaction.

— Je savais, dit-il, que cet homme était sorti du bagne, mais, dans la même lettre qui m'instruisait de l'évasion, il y avait sans doute une erreur. On m'affirmait que l'évadé était parti pour les colonies indiennes.

— Comment, dit Grégoire en se frappant le front, cet homme qui m'a fait une si belle peur ce matin est un forçat évadé !

— Sans doute, dit Lecerf, mais n'ayez aucun regret de ce que vous avez fait ou dit en cette occasion. Je vais envoyer de l'argent à cet homme, et il ne nous nuira point; il ne peut pas nous nuire d'ailleurs. Ensuite je le préviendrai que, dans le cas où j'aurais besoin de lui, je lui écrirais poste restante, sous le nom de Simon Favert, qui est le sien aujourd'hui... A propos, Grégoire, vous n'avez plus eu de nouvelles de ce Vignoret?

— Non, monsieur Lecerf. J'ai un grand intérêt à fuir cet homme; aussi j'évite toujours de passer sur le boulevard voisin, et devant les vitres du café Boucherat.

— Croyez-vous que ce Vignoret ai conçu quelque soupçon en voyant bâtir ce mur qui le sépare de ses caveaux?

— Aucun soupçon, monsieur Lecerf; voici pourquoi : M. Vignoret a vu lui-même de ses propres yeux commencer les constructions de la cour et du terrain à bâtir : eh bien ! il ignore que ce chantier a changé de propriétaire; et il croit naturellement que ce mur a été bâti, avec la maison nouvelle, comme clôture nécessaire et trop négligée jusqu'à présent.

— Grégoire, dit Lecerf en baissant la voix, je ne sais si je me trompe, mais la nuit dernière encore, j'ai entendu des pas et comme des coups de marteau sourds, là, derrière ce mur nouvellement bâti. Je ne crois pas être poltron, eh bien ! ces bruits sont effrayants à entendre, et quand je dors, je me réveille en sursaut.

— C'est que, voyez-vous, monsieur, il y a beaucoup de souterrains, comme je vous l'ai dit, dans le voisinage, et le bruit qui se fait à deux mille pas d'ici peut se prolonger d'échos en échos, et faire croire qu'on le fait à votre oreille. Croyez-en mon expérience. J'ai habité longtemps le Paris souterrain, et je connais tous les mystères d'acoustique. On voit, monsieur Lecerf, que vous n'avez jamais habité que la surface de la terre. Mais on finit par s'habituer à tout.

— C'est bien, Grégoire, tu peux te retirer.

— Où, monsieur Lecerf?

— Mais, à Bougival.

— Ah! voilà une chose que je ne ferai pas; il y a du danger pour moi. Je ne vois pas encore trop clair dans mon affaire de ce matin. Si tout cela était un piége de la police; si j'allais être coffré comme un oison!

— Il n'y a pas de danger, Grégoire; mais enfin, puisque tu as des craintes, je les respecte. Tu es libre de rester avec moi. D'ailleurs, j'aurai peut-être besoin de toi ici.

— Oui, j'aime mieux mon souterrain

maintenant, et je vous ferai compagnie, monsieur Lecerf. Vous devez vous ennuyer souvent; nous causerons. J'aime mieux ce caveau, où je suis mon propre esclave, que l'air libre qui peut me priver de ma liberté.

— Ce voisin Vignoret m'inquiète toujours beaucoup, dit Lecerf en prêtant l'oreille ; à quelle espèce d'hommes appartient-il, ce monsieur Vignoret ?

— C'est un antiquaire.

— A-t-il l'air antiquaire ?

— Oh! oui, monsieur Lecerf... C'est un homme d'un âge très-mûr, qui aime à lire les vieilles inscriptions des murs, et à examiner la forme des piliers. C'est sa passion. Je le crois peu riche et rentier. Il écrit, m'a-t-il dit, l'histoire d'un fameux prisonnier nommé Latude, qui s'échappa de la Bastille, et vint par les égouts se cacher dans ces souterrains. Il aurait pu y vivre tranquille, comme vous et moi; mais il était amoureux d'une femme qui demeurait rue Contrescarpe; et comme cette femme n'aimait pas les souterrains, Latude était obligé de quitter sa retraite pour aller voir ses amours. Un jour la police le prit comme il sortait de l'égout des Tournelles, et on le transporta au Donjon de Vincennes, d'où il parvint encore à s'échapper. La vie de ce Latude a fait impression sur notre voisin Vignoret et il l'écrit en ce moment. Que voulez-vous que fasse un rentier qui s'ennuie? il est obligé de se faire auteur.

— Grégoire, dit Lecerf d'un air pensif, un homme seul et surtout un rentier du Marais, n'est pas à craindre; et comme je m'ennuie beaucoup aussi, moi, je voudrais trouver un moyen de voir ce monsieur Vignoret.

— Mais, monsieur Lecerf, c'est fort difficile, maintenant surtout qu'on a bâti ce mur.

— Oh! l'obstacle n'est pas là... je trouverai bien un moyen de faire une brèche à côté du mur, là, dans cette vieille bâtisse tout humide... En dix coups de pioche, nous aurions bientôt fait un trou à nous deux...

— Monsieur Lecerf, votre idée est folle... dit Grégoire étonné : comment ! nous avons fait des efforts inouïs pour acheter une maison, vous trouver un asile, vous mettre en sûreté, et maintenant, vous voulez vous trahir vous-même et vous montrer à quelque voisin bavard! Vraiment, je ne vous comprends pas.

— Eh bien! tu vas me comprendre, dit Lecerf d'un ton décidé.

## VI.

### LA VIE DU TOMBEAU.

— Écoutez-bien ceci, poursuivit Lecerf, après un instant de silence, si je consens à m'ensevelir vivant dans ce souterrain, c'est à condition que j'y trouverai la tranquillité de la tombe : si, au contraire, je ne trouve dans ce sépulcre que des inquiétudes, des alarmes, des insomnies, je renonce à cet état absurde qui n'est ni la mort, ni la vie, et je me classe tout-à-fait parmi les défunts avec un déjeûner à l'arsenic...

— Oh ! monsieur Lecerf ! dit Grégoire avec un vrai sentiment de tristesse, quelle affreuse idée vous avez là !

— Ne m'interrompez point, Grégoire, poursuivit Lecerf avec le plus grand calme, s'il faut que je reste ici pour sauver mon honneur et m'épargner une infamie, même non méritée, je veux au moins connaître nettement tous les périls et tous les avantages de mon habitation : je ne veux pas être pris une belle nuit dans mon lit par quelque fantôme policier qui fera un trou dans ce mur. A Paris, la police sait tout; elle connaît tous les souterrains; elle sait que ce sont des lieux d'asile pour les proscrits de la justice, et, à coup sûr, elle envoie ses sbires sous le pavé comme sur le pavé de Paris.

— C'est une erreur, interrompit Grégoire avec timidité, vous faites trop d'honneur à la sagacité de la police; elle a bien assez à faire avec ce qui se passe dessus pour se soucier de ce qui se passe dessous... Écoutez bien ceci, monsieur Lecerf; c'est une histoire récente qui court les prisons et qui est très-vraie. En 1842, un homme très-connu a écrit au préfet pour lui proposer de lui faire connaître tout le Paris souterrain, moyennant une récompense qui était bien due à ses recherches et à ses travaux.

Cela méritait d'être pris en considération ; mais ceux qui administrent ne veulent pas accepter plus de soucis que n'en avaient leurs prédécesseurs, parce que les appointements sont les mêmes. On ne répondit donc pas à cette proposition, renouvelée trois fois. L'auteur la présenta au ministre ; mais le ministre s'occupait toujours d'élections. Il ne répondit pas. Enfin il écrivit au roi, et il reçut, trois mois après, une réponse d'un secrétaire qui lui disait que ces choses-là ne regardaient pas Sa Majesté, et qu'il fallait s'adresser au préfet de police. Voilà comment on travaille en France ; personne ne le sait mieux que certaines gens qui en font leur profit.

— Eh bien ! je suis parfaitement de ton

avis, Grégoire, j'admets que la police ne se mêle pas du dessous, et qu'elle surveille même très-mal le dessus ; mais ces certaines gens dont tu parles, ces certaines gens qui font leur profit de cette surveillance incomplète, sont plus à craindre pour moi que la police. Ces souterrains, où tu m'as fait réfugier, ont des habitants. Toi-même, Grégoire, tu as paru t'en méfier, puisque, d'après tes conseils, on a bâti ce mur, qui me sépare des galeries voisines, mais qui n'est pas assez épais pour empêcher le bruit des pas, les paroles, les souffles même, d'arriver aux oreilles ; car il y a dans la filiation des échos souterrains d'incompréhensibles mystères. Un mur comme celui-ci est diaphane comme une pièce de mousseline déployée. Que diable ! je ne suis pas un novice dans la spécialité souterraine ; j'ai fait mes études en ce genre, moi aussi, et quand j'écoute, la nuit, les bruits qui courent à cent pieds de profondeur, j'écoute bien, mon oreille ne me trompe pas. Ainsi, Grégoire, la nuit dernière, la main d'un homme a heurté ce mur de l'autre côté, comme pour en sonder la profondeur ; j'ai entendu aussi la chute d'un corps, et le coup a résonné sourdement, comme à dix pieds de profondeur sous mon lit. Vous avez beau établir des séparations de maçonnerie, elles n'intercepteront rien ; il y aura toujours communication inférieure et trahison...

— Mais, permettez, monsieur Lecerf, dit Grégoire ; en raisonnant ainsi, vous ne trouverez de tranquillité nulle part, en

France. Alors il serait plus simple de passer en Belgique ou en Angleterre.

— Non, ce n'est pas simple du tout. D'abord, je cours la terrible chance d'être arrêté aux frontières et de m'entendre dire :

— Ah ! vous étiez donc bien coupable, puisque vous émigrez ?

Ensuite, au bout de six mois de séjour à l'étranger, tout le monde saura que je suis un assassin contumace et réfugié. J'aurais beau leur crier en allemand et en anglais que ma fuite est une précaution, et que j'eusse fait la même chose si l'on m'eût accusé d'avoir volé les tours Notre-Dame, personne ne me croirait, ou tout le monde ferait semblant de ne pas me croire, ce qui est la même chose. On me traiterait en lépreux; on me regarderait de travers; on me fermerait toutes les portes, et j'aurais la police étrangère sur mes talons; on veillerait sur moi comme sur un meurtrier d'habitude, que ses protubérances phrénologiques poussent au crime, en tout temps et en tout pays. Oui, le parti que j'ai pris est le seul bon. Je me suis mis au rang des morts; mais encore une fois, je tiens à vivre en pleine sécurité dans mon tombeau.

— Monsieur Lecerf, dit Grégoire, tout ce qu'un homme peut faire pour vous donner cette sécurité, je le ferai, comptez sur moi.

— D'abord, Grégoire, tu vas porter une lettre poste restante...

— Oui, je le sais, monsieur Lecerf.

— Approche ma lampe et donne-moi du papier et une plume... Je veux, quoi qu'il arrive, après quinze jours, avoir ici tous mes petits agréments d'homme enseveli... Il me faut des meubles, des tentures, des glaces, des tapis, tout le luxe des vivants heureux.

En parlant ainsi, Lecerf écrivait sa lettre à Benoît.

— Vous n'avez qu'à ordonner, monsieur Lecerf, dit Grégoire, et bien avant quinze jours vous serez logé ici, comme j'ai entendu dire quelquefois que l'était M. Ouvrard dans sa prison pour dettes... seulement, il vous faut un meuble... vivant, très-difficile à trouver...

— Oui, la comparaison est juste, dit Lecerf; la nuit, vous aurez soin de tenir ouverte la trappe de la salle de billard pour donner de l'air extérieur à mon appartement.

— Je n'y manquerai pas, monsieur Lecerf. Comptez sur mon zèle.

— Voici deux lettres qu'il faut porter tout de suite, Grégoire... L'une est pour... Simon Favert, et l'autre pour ma femme... J'écris au démon et à l'ange... Dis en passant là-haut, à mon cousin Maurice, de veiller sur le billard en ton absence, et de descendre au premier moment, car je veux lui parler avant de prendre un peu de sommeil. La nuit dernière, mon voisin le fantôme n'a pas voulu me laisser dormir.

Le billet que Lecerf écrivait à Benoît était ainsi conçu :

« Ni ton ami, ni ton ennemi ; et comme
» la fatalité nous a fait une cause commu-
» ne, vivons en bonne intelligence, et dé-
» fendons-nous contre une société qui nous
» poursuit injustement.

» Voici, en attendant mieux, dix chif-
» fons de *mille*, pour tes besoins urgents ;
» viens tous les lundi, les mercredi et les
» vendredi, réclamer une lettre, poste res-
» tante ; tu en trouveras toujours une.
» L'argent ne te manquera jamais. Compte
» sur moi. En ce moment, j'organise ma
» sécurité. A mon premier jour de récep-
» tion je t'inviterai à venir me voir. Ce sera
» bientôt.

» L. »

Maurice Aubigny était un de ces rares jeunes hommes qui s'instruisent par leurs fautes et qui, avec les sottises de leur passé, organisent leur bonne conduite de l'avenir. En un mot, le jeune marin savait se faire une vertu de l'expérience. Il devenait homme mûr avant l'âge. Dévoué de cœur et d'âme à sa famille, Maurice avait compris toute l'étendue de ses devoirs, et rien ne pouvait être au-dessus de son courage dans l'œuvre de son dévouement. Lancé par hasard dans la maison d'une femme d'une frivolité trop mondaine ou trop coquette, il s'était réveillé ou endormi avec un de ces amours vulgaires qui sont les rêves de l'adolescence, et n'ont rien de sérieux quand ils sont combattus.

Maurice avait oublié Augusta, comme

un marin oublie l'écueil qu'il a côtoyé, lorsque son cousin Lecerf lui fit une confidence étrange, et que pouvait seule justifier la position du proscrit. Maurice se résigna, car à la première objection, Lecerf arma un pistolet, et jura d'en finir avec une vie intolérable, et de laisser l'embarras d'un cadavre à ses héritiers.

Cette confidence va trouver son explication dans la scène qui va se passer le même jour, entre Maurice et Augusta, car une heure après le jeune homme se présentait chez l'actrice.

La jeune femme reçut le marin avec cet air glacial qu'on accorde aux amoureux qui se découragent trop vite, désespèrent du succès et se consolent de leur désespoir.

— Écoutez-moi, madame, lui dit-il, je ne viens pas ici pour mon propre compte, mais je viens pour obéir aux ordres d'un ami, d'un parent... Voulez-vous être riche, madame ?

— Belle demande ! Trouvez-vous beaucoup de femmes qui répondraient : non ?

— Eh bien ! madame, voici une lettre que je me suis chargé de vous porter à regret, parce que j'ignore tout ce qu'elle contient ; mais je suppose qu'il y a une fortune pour vous dans cette feuille de papier.

— Et d'où me vient cette lettre, monsieur Aubigny ?

— Devinez, madame.

— Oh! je n'ai pas le temps de deviner... dites-le-moi tout de suite.

— Ouvrez la lettre et vous verrez.

— Non ; je reçois trop de lettres mal écrites, et qui me font mal aux yeux. Je ne lis que les lettres que j'ai déjà lues avant de les ouvrir.

— Celle-ci est de mon cousin Lecerf.....

— Ah! mon Dieu! s'écria Augusta, c'est son testament!

— Oui, madame, vous l'avez dit; vous comprenez bien que je ne me serais point chargé d'une lettre d'amour.

—Une lettre d'amour d'un mort! Ah!

par exemple, monsieur Maurice, vous auriez eu de la peine à me la porter !

— C'est très-juste, madame ; mon cousin est mort, mais il vous écrit.

— Voyons, ne plaisantons pas ainsi sur ce pauvre Lecerf... Savez-vous bien que je l'ai pleuré une heure ? C'est beaucoup pour une femme qui rit toujours.

— Voulez-vous bien prendre connaissance de sa lettre ou de son testament, comme vous voudrez ? Je tiens à remplir scrupuleusement ma commission, et à me retirer.

— Donnez-moi donc ce papier, monsieur... il n'est pas lourd... vraiment la Banque ne l'a guère chargé...

— Mais, si c'est un testament, vous serez renvoyée au notaire, madame.

— Tiens ! il a raison... Au reste, comme je n'ai jamais eu d'héritage, je ne me connais pas en testament... lisons.

Elle ouvrit la lettre, et lut ce qui suit :

« Mon cousin était le seul homme que
» je pouvais envoyer chez vous avec une
» lettre ; mais il ignore ce qu'elle contient.
» Je craignais sa délicatesse, et je ne lui ai
» fait ma confidence qu'à demi... »

— Mais il n'y a pas de date à cette lettre ! dit Augusta ; est-ce une lettre qu'il m'a écrite avant sa mort ?

— Non, madame, il vous l'a écrite hier.

— Allons donc! Êtes-vous fou? C'est une vieille lettre que vous me portez là!

— Lisez jusqu'à la fin, madame; tout peut-être va s'éclaircir.

— Lisons jusqu'à la fin.

« Madame, je suis proscrit pour un
» crime politique, et je me suis retranché
» du nombre des vivants. Ce n'est pas le
» monde qui me manque dans ma retraite,
» c'est vous. Je sens que ma vie souterraine
» ne sera pas longue, et toute ma fortune
» appartiendra, après ma mort, à la femme
» qui passerait auprès de moi le peu de
» jours que Dieu me réserve. Voulez-vous
» être cette femme? Je suis ce proscrit con-
» damné à mort, avec un sursis très-limité.

» Votre réponse réglera ma prochaine dé-
» termination.

» L... »

— Il n'est pas mort ! dit Augusta, en laissant tomber la lettre, et en regardant Maurice avec des yeux effarés.

—Eh ! vous le voyez bien, madame !... êtes-vous contente de lui ?

— Je suis charmée d'apprendre qu'il n'est pas mort, ce pauvre Lecerf !... Tiens! c'est drôle ! j'ai rêvé de lui la semaine dernière... Nous dansions au Ranelagh, et il me disait : Je vous enverrai demain un cheval et un coupé... J'en aurais bien besoin, de ce cadeau !... ah ! il n'est pas mort ! Il est proscrit... mais il me semble qu'il ne se mêlait guère de politique de son vivant... et alors toute cette histoire de duel était un conte... fiez-vous aux histoires !... moi je ne crois plus à rien, excepté à madame Delille ; elle a reçu des étoffes de Lyon d'une beauté inouïe, mais d'une cherté plus inouïe encore... J'aurais bien besoin de la fortune de Lecerf, mais elle est trop dure à gagner... Quel trou habite-t-il, votre proscrit de cousin ?...

— Ah ! ceci est un secret, madame, et ce n'est pas moi qui le trahirai. J'ai obéi de très-mauvaise grâce à mon cousin, parce qu'un secret...

— Vous êtes un impertinent, monsieur !

interrompit Augusta ; pour qui me prenez-vous ?

> Sachez qu'il est des femmes
> Qui savent garder un secret,

comme dit un vieil opéra que chantait ma grand-mère ! L'air est assommant comme tout, mais la pensée est bonne... Au reste, dites à Lecerf que je suis enchantée de le savoir vivant, mais que je n'accepte pas sa proposition. Je suis toujours prête à partager son bonheur, mais il me répugne de m'enterrer vive comme une Vestale. J'ai toujours plaint les Vestales. Ma grand-mère a joué Julia à Bordeaux, en 1812... A propos, pourquoi ne reprend-on pas la *Vestale* à l'Opéra ? Il faut que j'en fasse parler à M. Léon Pillet... Dites à Lecerf que je connais beaucoup un chef de bureau, qui est plus ministre que le ministre, comme tous les chefs de bureau, et que je le ferai rayer de la liste de proscription à la Saint-Philippe... L'autre jour, j'ai fait donner un bureau de tabac à un financier qui m'a prêté mille écus à soixante pour cent. Il est vrai que je ne les rembourserai jamais, ce qui met l'affaire au pair, sans agio.

— Y a-t-il une réponse à rendre à Lecerf? dit Maurice en se levant comme pour prendre congé.

— Une réponse toute simple, je vous l'ai dite déjà : je refuse... Lecerf me connaît bien. Je suis libre comme l'oiseau des arbres; je déteste les cages, le moindre barreau me ferait fuir au bout du monde.

Il me faut le boulevard, la foule, le bruit, l'enivrement, les chevaux, le théâtre, le restaurant, la table, le bal, les visites, les amoureux, les artistes, les coulisses, le soleil, les bougies, les parfums, tout ce qui nous emporte dans le tourbillon d'or et de soie, et nous fait vivre dans l'extase, et nous étourdit sur la pensée de la mort!... Voilà ma réponse ; monsieur Maurice Aubigny, je suis votre servante, Augusta.

La jeune femme fit sur ces mots une pirouette délicieuse, ouvrit une porte, comme on l'enfonce, et disparut.

Ce ne fut qu'avec des précautions infinies que Maurice transmit à Lecerf la réponse d'Augusta ; mais malgré ces précautions, le prisonnier devina tout, et un profond abbattement le saisit. Une vie affreuse, une série de jours ténébreux se déroulait devant lui, et quelquefois il se surprenait enviant le sort de sa femme, qui, sous le nom de sœur Brigitte, s'était vouée à une vie entière de souffrance, de dévouement et de résignation, dans le plus hideux des hôpitaux. — Elle voit l'air, le ciel, la lumière, se disait-il; elle est au milieu des vivants; elle respire le souffle du golfe; elle a une foi vive; elle attend de Dieu une vie meilleure; elle est persuadée qu'il lui sera tenu compte là-haut de tout ce qu'elle souffre ici-bas. Comme elle est heureuse de croire, cette pauvre femme! Le doute est le commencement de la mort!.

Et dans les lettres qu'il écrivait à sa femme, il la louait avec enthousiasme de sa sainte résignation, et la priait de lui envoyer un peu de ce noble courage qu'elle devait montrer toute sa vie, au chevet du lit des galériens. Clémence pleurait à l'écart, en lisant les lettres de son mari, et son cœur se brisait à l'idée de n'être pas auprès de lui pour lui prodiguer ses consolations.

Revenons à Toulon.

Clémence Aubigny, ou plutôt sœur Brigitte, y portait la peine de son dévouement. Les fonctions de sœur servante à l'hôpital du bagne ne sont pas de celles auxquelles se plie aisément et impunément une femme habituée au comfortable du luxe parisien. La santé de sœur Brigitte dépérissait chaque jour. Son estomac délabré ne pouvait supporter la nourriture grossière des galériens; l'excès du travail avait ruiné ses forces. Ses traits pâles et amaigris révélaient les souffrances intérieures qui la minaient sourdement et menaçaient sa vie. D'ailleurs, après l'heureuse évasion de Benoît, sa mission était terminée. Elle attendait donc une occasion favorable pour quitter l'hôpital sans éveiller les soupçons.

Après avoir lu plusieurs lettres douloureuses de Lecerf, il n'y avait plus d'hésitation possible. La position malheureuse de son mari lui traçait une nouvelle ligne de conduite et lui imposait de nouveaux devoirs. Nulle considération n'aurait pu la retenir davantage à Toulon. Cependant il fallait qu'on ne pénétrât pas ses desseins. Pour partir du bagne elle usa donc de ruse. Elle fit appeler le vénérable aumônier et lui dit :

— Mon père, le suicide est un grand crime aux yeux de Dieu. J'avais cru pouvoir, sans péril pour mon existence, m'associer aux travaux des saintes filles qui se dévouent au soulagement des forçats malades. Aujourd'hui, je le sens, mes forces sont à bout. J'ai eu le malheur d'être riche ; on m'a élevée avec trop de délicatesse, et ces fonctions pénibles achèveraient de détruire une santé déjà profondément délabrée... Avant de prendre une résolution décisive, j'ai voulu cependant vous consulter, mon père ; vos conseils toujours sages guideront ma détermination.

— Je ne puis, ma sœur, répondait l'aumônier, qu'approuver une résolution prise après des efforts trop généreusement tentés peut-être... Je dois le dire, Dieu, qui prescrit des abstinences et des mortifications, n'a jamais voulu que ces abstinences et ces mortifications pussent porter préjudice à notre santé. Quittez cet hôpital, puisque les fonctions de sœur servante sont au-dessus de vos forces. Vous emporterez avec vous les regrets de tous ceux qui vous ont vue accomplir votre œuvre de charité ; les regrets aussi de tous les malheureux de Toulon dont vous avez été la Providence.

— Oh ! mon père, en quittant l'hôpital du bagne, je ne renonce pas à la joie et à la consolation suprême de la richesse. Je n'ai garde de renoncer au soulagement des malheureux.

— Vous avez raison, ma sœur, faire le bien est une joie et une consolation.

— Oui, mon père. Voici donc ce que j'ai résolu, et dans cette œuvre nouvelle j'ai besoin de votre concours ; vous ne me ferez pas défaut, j'en suis sûre.

— Dites, ma sœur.

— J'ai remarqué qu'il y avait ici beaucoup de récidivistes, et j'en ai cherché la raison. Je crois que cela vient de ce que la société ne facilite nullement aux forçats libérés les moyens de devenir honnêtes.

— C'est vrai.

— Ils sortent d'ici sans argent, sans ressources, sans moyens d'existence, et souvent ils n'y reviennent que parce qu'ils trouvent au moins ici une nourriture suffisante pour eux et un abri contre l'intempérie des saisons.

— Votre observation est tellement juste, ma sœur, qu'hier encore on nous a ramené un pauvre diable qui nous avait quittés il y a six mois à peine. Ne trouvant à s'occuper nulle part, il avait volé pour être reconduit ici.

— Eh bien! mon père, quand je sortirai de cet hôpital, je laisserai entre vos mains vingt-cinq mille francs. Vous les donnerez pièce à pièce aux vingt-cinq forçats prêts à être libérés qui vous paraîtront en devoir faire le meilleur usage. De la sorte, ils seront à l'abri des premiers besoins et pourront aviser à se faire une existence honnête et laborieuse.

— J'accepte avec plaisir votre mandat, ma sœur, et au nom des vingt-cinq heureux que je ferai, je vous en témoigne une grande reconnaissance. Vous avez eu là une excellente idée. C'est un germe qui, je l'espère, portera de bons fruits. S'il y avait beaucoup de charités intelligentes comme la vôtre, ma sœur, nous aurions bientôt moralisé le bagne et régénéré la société.

La conversation de sœur Brigitte et de l'aumônier se prolongea longtemps encore sur ce sujet ; puis ils revinrent au projet de départ de Clémence. Tout fut arrangé et convenu entre eux, de telle sorte que le soir même sœur Brigitte put annoncer son départ aux autres sœurs servantes. Il était fixé au lendamain.

La scène des adieux fut déchirante. Les larmes coulèrent non-seulement des yeux des sœurs servantes, mais aussi des yeux de ces hommes dont Clémence avait si longtemps calmé les douleurs avec une charité sans égale. Sœur Brigitte partait et les regrets de tous la suivaient, mais à tous elle laissa les souvenirs de sa bonté et de sa bienfaisance. Aux sœurs servantes, elle donna des objets pieux, livres, croix et reliquaires, et dans l'oreille de chaque malade, elle laissa tomber, pour la dernière fois, de sa voix mélodieuse ces paroles douces et affectueuses qui sont le baume de la souffance.

Quatre jours après, madame Lecerf arrivait à Paris en chaise de poste.

De son cousin Maurice, dont le dévouement égalait l'intelligence et l'intrépidité, elle apprit tout ce qui s'était passé pendant son absence. Sa relation terminée, Maurice Aubigny, cédant aux instances de sa cousine, la conduisit à la maison du boulevard, et, soulevant la trappe, la laissa pénétrer dans le souterrain.

Lecerf était seul; il cherchait à distraire ses nombreux loisirs par la lecture de livres peu amusants, mais réputés instructifs; ou bien il ornait ses étranges appartements comme s'il eût dû les habiter toujours. Il arrangeait les plis des tentures, posait les tapis, faisait jouer dans les glaces la lumière de ses flambeaux.

L'arrivée de sa femme suspendit ses occupations. Lecerf attendait Grégoire; en relevant la tête, il aperçut madame Lecerf et poussa un cri.

— Comment! vous ici, Clémence?

— Oui, mon ami. En recevant vos

lettres, j'ai compris que de nouveaux devoirs commençaient pour moi, et j'ai quitté Toulon. Je viens ici m'enfermer avec vous.

— Vous enfermer ! Y pensez-vous ? Je ne le souffrirai jamais. Vous ne savez pas ce que vous voulez faire.

— Que vous importe, mon ami, si je le fais ?

— Mais, Clémence, avez-vous réfléchi à ma position ? elle est horrible : c'est une mort continuelle, et pouvez-vous consentir à mourir continuellement avec moi ?

— J'y consens, dit Clémence avec énergie.

— Attendez encore. Vous ne savez pas

tout. Cette maison que Maurice fait bâtir ne sera jamais terminée. On abandonnera bientôt les travaux, sous prétexte de mauvaises affaires subies par l'entrepreneur. Cette maison sera une ruine inhabitée. On annoncera de temps en temps qu'on va reprendre les travaux, mais on ne les reprendra jamais. Vous comprenez bien alors, Clémence, que les voisins toujours curieux finiraient par remarquer une femme rendant de trop fréquentes visites à une ruine, et cela éveillerait des soupçons dangereux. Vous seriez donc forcée à vous résigner à l'une de ces deux choses, à ne me voir jamais, ou à me voir toujours.

— Je choisis la dernière, dit Clémence, et rien ne me fera changer de résolution.

Je mourrai ici, dans ce caveau, et je jure de ne plus revoir la terre des vivants.

Lecerf prit vivement les mains de sa femme et les serra.

Maurice arriva sur ces entrefaites, et le jeune marin ne put maîtriser son émotion en voyant le courage résolu de sa cousine.

— Quelle différence ! dit-il, avec...

— N'achevez pas, interrompit Lecerf en donnant une dernière larme à Augusta.

Dès ce moment, une vie nouvelle commença entre les deux époux. Clémence, ravie de sa position, reprit bientôt la santé que l'air de la campagne avait infusée en elle dès son enfance, et qui n'avait été altérée momentanément que par les abstinences de sœur Brigitte. Lecerf écoutait avec délices cette voix mélodieuse, qui semblait toujours celle d'un ange descendu dans les ténèbres des limbes pour consoler et affermir les âmes privées de la vue de Dieu. Clémence, douée d'une instruction universelle et d'un esprit charmant, avait longtemps oublié et négligé ces qualités précieuses, dons du ciel et de l'étude; mais tous ses trésors lui revinrent à la fois, et elle les employa au soulagement moral du prisonnier, son mari, qui oubliait tout dans des entretiens charmants, où le cœur et l'esprit s'associaient toujours sans divorce. L'âme de Clémence, à force d'illuminer son visage, y était restée comme une auréole ineffaçable, et la laideur avait disparu.

Le bonheur peut donc se trouver dans toutes les situations; mais auprès de tout bonheur, il y a toujours un démon qui veille. Lecerf ne subissait plus la vie, il la savourait, lorsqu'un incident terrible vint troubler cet horizon de quatre murs étroits où deux époux, si longtemps après leur mariage, voyaient se lever leur tardive lune de miel.

VII.

**UN FANTOME PRIS AU PIÉGE.**

L'évadé Benoît ne paraissait pas à Lecerf un homme dangereux; bien au contraire, on pouvait retirer de lui, au besoin,
plus d'un service, et les bons renseigne-

ments que Clémence avait donnés sur lui, dans plusieurs entretiens, devaient amener une réconciliation entre deux hommes que de mauvais penchants avaient unis, que la fatalité, inhérente au vice, avait séparés, et que le repentir rapprocherait nécessairement. D'ailleurs, au milieu de l'isolement où vivait Lecerf, un ami de plus n'était pas à dédaigner, tant s'en faut, surtout si cet ami offrait, outre les garanties désirables, des renseignements de conservation, puisés dans de communs et terribles souvenirs. Sous l'inspiration de cette pensée, Lecerf écrivit un dernier billet, poste restante, à Benoît, et le pria, en lui désignant sa retraite, avec les plus minutieux détails de gisement, de venir le voir, aux premières lueurs de l'aube, car les tristes locataires du souterrain, ayant des veillées fort courtes, étaient debout bien avant le lever du soleil.

A mesure que Lecerf prenait en affection deux choses : sa prison et sa femme, il songeait à diminuer les désagréments de son état, pour se faire une vie tout-à-fait tolérable. Avec l'aide et l'intelligence de Grégoire, Lecerf était parvenu à meubler et même à décorer une chambre, où la lumière des lampes remplaçait avantageusement le soleil de l'hiver parisien. L'humidité des murs avait disparu derrière d'épaisses boiseries, dont les panneaux sortaient d'un atelier de la rue de Charonne, et que Grégoire venait d'apporter, pièce à pièce, dans son manteau. Le sol, très-bien parqueté, et recouvert en outre, d'un tapis moelleux, n'eût pas déparé la chambre nuptiale d'une riche héritière, et le plafond, avec son dôme éclatant d'étoffes de Perse, dissimulait artistement la voûte désolée d'un caveau.

Madame Lecerf, plus heureuse dans cette prison que sous les lambris d'or du château natal, avait enfin trouvé le sourire que ne connut jamais son visage; son cœur semblait renaître dans cette vie obscure des souterrains; le bonheur la visitait, et elle n'eût, pour rien au monde, échangé son existence présente contre son existence passée. Elle prévenait les moindres exigences de son mari; elle cherchait et devinait sa pensée, et sans lui faire sentir le poids d'une prévenance continuelle, sorte d'obsession qui paraît lourde à certains hommes, elle semblait toujours improviser, par hasard, le service ou la consolation, et voulait paraître officieuse, comme à son insu. Ce raffinement de délicatesse n'échappait point au mari, qui feignait aussi de ne rien remarquer, pour laisser à sa femme le bonheur des ces innocentes ruses de tendresse inquiète et d'amour voilé.

Comme nous l'avons déjà dit, un incident troubla cette sérénité conjugale, qui avait fait luire dans un caveau souterrain l'azur et le rayon du ciel.

Désireux d'agrandir son petit domaine, Lecerf, en sondant la profondeur d'un mur, entendit retentir sous sa main le bois d'une porte, dont la teinte se confondait avec la nuance du plâtre. Une légère pression du genou fit céder cette porte;

un air vif et frais arriva au visage de Lecerf, et lui fit deviner un vaste et profond souterrain. Cette découverte ne l'étonna pas, car il savait très-bien depuis longtemps à quoi s'en tenir sur ce voisinage; mais en se rappelant les bruits sourds et mystérieux qu'il avait entendus souvent, il conçut un effroi très-légitime; car, si le souterrain était habité, chose incontestable, l'existence de la chambre de Lecerf et de sa femme n'était plus un mystère; d'indiscrets voisins avaient, sans doute, tout entendu à travers le bois de cette porte qui, malgré son épaisseur, n'arrêtait pas les sons et les voix comme un mur mitoyen de solide construction.

— Précautions inutiles! soins superflus! se dit-il. Voilà où aboutit la prudence humaine ! Pour fuir les hommes, les regards investigateurs, les questions indiscrètes, je m'enfonce sous la terre, et j'y trouve des habitans, d'autres proscrits peut-être, pour m'interdire le repos. Désormais plus de tranquillité pour moi que je n'aie éclairci tout ce qu'il y a encore d'obscur... Je percerai à jour ce mystère ; il le faut !

Lecerf ne communiqua pas cette découverte à sa femme, mais il la lui fit soupçonner dans l'intention de l'éloigner d'un asile, où la sécurité n'existait plus.

— Clémence, lui dit-il avec douceur, je crois depuis quelques jours que notre retraite n'est pas sûre, nous sommes dans le voisinage d'un péril inconnu, et par conséquent plus redoutable qu'un autre, parce qu'il échappe à mon courage et à mon adresse ; je veux rester seul ici pour sonder ces ténèbres ennemies, seul, je serai plus fort. Va respirer l'air des vivants jusqu'au moment où je te rappellerai auprès de moi, et ne soupçonne aucune arrière-pensée dans cette étrange confidence que la nécessité m'oblige de te faire aujourd'hui. Compte sur moi pour abréger ton absence.

Clémence s'assit sur un fauteuil, croisa les bras et inclina la tête, comme si elle eût craint d'exprimer autrement son intention de tout braver pour rester auprès de son mari. Lecerf comprit le sens de cette pose de résignation, de cette révolte soumise, et renouvela son injonction avec moins de douceur que la première fois.

— Vous voulez m'éloigner, mon ami, dit Clémence de sa voix mélodieuse, qui était le chant angélique de l'âme, — vous voulez m'éloigner, parce qu'un danger vous menace, et où irai-je, moi ! et où vivrai-je, moi !

Ce monosyllabe de l'égoïsme, ce *moi* si révoltant, quand il est l'expression personnelle de l'amour-propre, de la fatuité, de l'orgueil, change tout-à-coup de nature, lorsqu'il s'échappe, comme une note dolente, d'un cœur inondé d'affliction. Alors il est impossible d'écouter cette syllabe égoïste, ce *moi* désolé sans être ému aux larmes, sans jeter un regard de commisération poignante sur les lèvres qui viennent d'exhaler cette lugubre gamme de la douleur.

Lecerf prit les mains de sa femme dans les siennes, et lui dit :

— Il y a dans ta réponse une obstination si touchante, que je me refuse à la vaincre. Tu peux rester auprès de moi, ma bonne Clémence. Eh bien ! que le péril arrive ! nous serons deux ! ou, pour mieux dire, nous ne serons qu'un !

Pendant toute la journée, on ne s'entretint plus de cela. Clémence reprit sa gaîté douce et son nouveau sourire. La pauvre femme comprenait bien qu'elle n'avait pas les heureux priviléges des jeunes mariées. Dans la liberté charmante du tête-à-tête, elle se serait bien gardée de montrer ce luxe de tendresse légitime, qui n'est permis qu'aux jolies femmes ; mais elle remplaçait les jeux de la coquetterie amoureuse par la grâce de sa retenue et le charme de son esprit. On voyait qu'elle ne pensait plus à ce péril, depuis qu'il lui avait été permis de le partager.

Au milieu de la nuit, lorsque le fracas des voitures s'éteignait sur le boulevard et ne descendait plus aux échos des voûtes souterraines, Lecerf regarda sa femme à la lueur d'une veilleuse, et, la voyant profondément endormie, il se glissa par des mouvements insensibles sur la descente du lit, s'habilla en un clin-d'œil à la légère, et, prenant une lampe d'une main et un poignard de l'autre, il ouvrit la porte avec une précaution extrême, et, comme il voulait donner un dernier regard à sa femme, il la trouva toute réveillée, assise sur le lit et regardant

L'amour d'une femme n'a point de sommeil.

Quelque légers qu'ils fussent, les mouvements de son mari avaient réveillé Clémence et elle était debout prête à le suivre.

Lecerf lui fit signe de ne pas bouger, mais la main qui faisait ce signe tenait un poignard. Clémence désobéit, avec une résolution énergique; elle se précipita dans une robe, et courut légèrement à son mari, en lui disant avec les yeux : — Je te suivrai !

— Je te défends de me suivre, dit Lecerf d'un ton presque sévère.

— Mon ami, répondit Clémence, vous êtes le courage, vous, et moi je suis la prudence ; ces deux vertus sont nécessaires dans un danger. Laissez-moi aller avec vous.

Lecerf inclina la tête et s'aventura le premier dans les galeries souterraines.

Ils marchaient tous deux, avec précaution, s'arrêtaient souvent pour écouter et regarder aux carrefours des issues étroites et noires. Une goutte d'eau tombée de la voûte, un frôlement de reptile, un grain de poussière écrasé, le moindre bruit suspendait leur marche, et Lecerf, se faisant éclipser par un pilastre et couvrant de sa main la lumière de la lampe, ne continuait sa marche qu'après s'être assuré qu'il n'y avait encore rien de périlleux à redouter dans cette nocturne et aventureuse expédition.

La main de Clémence toucha le bras de son mari comme un avertissement muet. Lecerf se retourna et vit sa femme qui portait le doigt à son oreille comme si elle eût dit :

— Cette fois ce n'est pas une erreur, j'ai bien entendu.

En effet, l'écho apporta bientôt le bruit d'une porte qui s'ouvrait et se refermait avec précaution. Lecerf, habitué à l'acoustique des souterrains, comprit que cette porte était assez éloignée, et il opéra un mouvement de retraite vers son caveau. A quelques pas de sa retraite il se blottit avec Clémence dans un enfoncement ténébreux, éteignit sa lampe et attendit.

— Retenons notre souffle, dit-il à l'oreille de Clémence ; ne respirons pas.

Une pâle traînée de lumière lointaine courut bientôt sous les clefs des voûtes, et on entendit distinctement des pas. Peu à peu, les ténèbres se dissipèrent, et dans une large éclaircie, produite par une lampe, un homme se montra.

Le frisson de la terreur étonnée glaça les veines de Lecerf. Dans cet homme mystérieux, il avait reconnu Rousselin.

Était-ce un fantôme? Était-ce une réalité vivante? une ressemblance? un prodige? une résurrection? Les yeux de Lecerf se refusaient à croire ce qu'ils voyaient.

Rousselin passa devant eux avec toute l'insouciance d'un homme qui n'a rien à craindre ; il se promenait dans ces souterrains comme dans son parc. Il ne fit un mouvement de surprise qu'en voyant une porte, inconnue encore de lui, dans ce domaine où il croyait connaître tout.

De même que le tigre qui change de caverne avance avec précaution son mufle à l'entrée de son nouveau domicile et flaire les émanations intérieures, pour s'assurer s'il n'y a aucun locataire plus redoutable que lui, Rousselin hésita longtemps sur le seuil de cette porte avant de la franchir. Au premier pas qu'il fit dans l'intérieur, Lecerf se précipita sur la porte, la ferma et la contint avec toute la vigueur de sa jeunesse, contre les efforts désespérés de Rousselin, bête fauve tombée dans un piége et se débattant avec la planche fatale dressée par le chasseur.

Clémence trouva dans son énergie des forces merveilleuses pour seconder son mari dans une détermination dont elle ne comprenait pas bien le but.

Dans cette lutte violente, séparée par une porte, la lampe de Rousselin s'éteignit. Aucune parole n'était prononcée des deux côtés ; on n'entendait d'autre bruit que le gémissement du bois, tourmenté en sens opposé, par des bras vigoureux. Quelquefois, dans un effort suprême, Rousselin prenait de l'élan et se ruait comme un bloc de granit contre la porte, pour la faire écrouler sur les mains invisibles qui la défendaient. Lecerf, aidé de sa femme et posant ses pieds robustes en étançons, soutenait victorieusement l'assaut. Dans les courts moments de trève, Lecerf disait tout bas à Clémence :

— S'il ouvre la porte, je le tue ; mais je ne voudrais cependant pas le tuer ; j'ai trop besoin de lui.

Cependant la nuit touchait à sa fin, et Rousselin, qui s'obstinait à rentrer chez lui par les issues connues, se méfiant trop des inconnues, avait trouvé sous sa main des pièces de bois et il tentait de faire une brèche à la porte, en la frappant à coups redoublés. C'était un effort suprême, et il usait, pour le mener à succès, de ses dernières forces. L'aube blanchissait en ce moment la cime des toits et des arbres du boulevard.

Benoît arrivait par la rue basse, et suivait pas à pas les indications reçues, il traversa la cour de la maison en construction et ayant trouvé aisément la trappe, il arriva devant la porte de la chambre souterraine, et s'arrêta tout surpris en entendant un tumulte effroyable et impossible à expliquer en pareil lieu et à pareille heure.

Rousselin, qui n'oubliait jamais ses provisions de souterrains, ralluma sa lampe pour examiner les localités, et découvrit une autre voie de salut. Il y eut un moment de silence, moment terrible et solennel ! Il fut interrompu par Benoît qui frappa plusieurs coups contre la porte de la chambre. Ces coups firent tressaillir et trembler Rousselin.

Les ténèbres ayant disparu, Rousselin s'étonna du luxe qui régnait en ce lieu profond. Toutefois sous l'éclat des tentures, des tapis et des boiseries, il reconnut la vieille chambre à couchette qu'il avait déjà visitée, et dont il avait pris la clé. Cette observation, dans cette minute brûlante, eut la durée de l'éclair.

Prompt à se déterminer dans les moments décisifs, Rousselin n'hésita pas longtemps ; il ouvrit la porte et se précipita sur Benoît pour le renverser et gagner ensuite le large ; mais Benoît, qui s'attendait toujours à tout, selon l'habitude des hommes aventureux, se tint ferme sur ses pieds, et arrêta Rousselin, en poussant un cri nerveux, un de ces cris entendus dans les rêves sinistres ; il avait reconnu son prisonnier des Catacombes, son ancien maître Pritchard.

Au même instant, Lecerf, qui jugeait bien la situation, s'élança dans sa chambre et mit Rousselin entre quatre vigoureux bras. Le maître fut aisément terrassé par ses deux élèves et garrotté en un clin d'œil.

Lecerf était ivre de joie et, dans son bonheur, il disait à sa femme :

— Nous voilà sauvés ! nous voilà libres !

Benoît ne revenait pas de sa stupéfaction, et considérait son prisonnier, étendu sur le tapis, avec des yeux qui croyaient ne pas voir ce qu'ils voyaient.

On fouilla Rousselin ; et on trouva entre autres choses dans son portefeuille, des papiers attestant que son domicile était élu rue de la Cerisaie, sous le faux nom de Vignoret.

Lorsque le jour fut plus avancé, Lecerf s'habilla avec soin, et croyant, avec raison, n'avoir plus rien à craindre de la justice, il courut au domicile indiqué et demanda monsieur Vignoret. On frappa à toutes les portes et personne ne répondit. Tout de suite le bruit se répandit, de porte en porte, de voisins en voisins, que monsieur Vignoret avait eu une attaque d'apoplexie dans la nuit. On s'empressa et bientôt on n'attendait plus qu'un juge de paix ou un commissaire de police pour ouvrir son appartement et lui porter secours, s'il en était temps encore. Ce fut, on le comprend, peine perdue.

Dans le souterrain, ce fut Maurice Aubigny qui dénoua cette situation avec un bonheur et une adresse admirables. Il s'empara de Rousselin, lui banda les yeux, le porta dans la rue basse avec l'aide de Lecerf, et ne lui rendit la faculté de la vue qu'en le plaçant dans une voiture bien fermée dont il se fit le cocher. Lecerf entra dans le fiacre où il devint le gardien du prisonnier. En même temps l'ordre avait été donnée à madame Lecerf de quitter le souterrain et de s'installer chez les Aubigny du quartier des Bourdonnais.

La voiture ne s'arrêta qu'au Palais-de-Justice.

Il y eut entre Maurice et M. C..., magistrat spécialement chargé de ces sortes d'affaires, à cette époque, un curieux entretien.

— Monsieur, lui dit Maurice, j'ai trouvé

cet homme dans les décombres d'une maison que je fais construire sur le boulevard Beaumarchais; et l'ayant reconnu pour être Rousselin, je l'ai prié de m'accompagner jusque chez vous : c'est ce qu'il a fait de la meilleure grâce du monde.

— Tout cela n'est pas très-clair, dit le magistrat en faisant rouler sa tabatière entre ses doigts.

— Eh bien ! je vais l'éclaircir, poursuivit Maurice. Un homme a été condamné aux galères, sous l'accusation d'avoir assassiné celui-ci. L'affaire a fait beaucoup de bruit dans le temps. On chercha Rousselin partout, on ne le trouva pas. Il y eut des témoins qui firent des dépositions accablantes, et toutes les preuves en apparence s'élevant à la charge de Benoît l'accusé, le pauvre Benoît fut condamné et envoyé à Toulon. Que fit alors Rousselin? il prit le nom de Vignoret, et s'établit rue de la Cerisaie, ainsi que l'attestent ces papiers trouvés sur lui. C'est une erreur évidente de la justice...

— La justice ne commet jamais d'erreur, dit le magistrat.

— Je le crois, dit Maurice; mais elle a commis celle-ci.

— Comment vous appelez-vous? demanda le magistrat à Rousselin.

— Je me nomme Rousselin.

— Les faits que monsieur rapporte sont-ils vrais?

— Oui, monsieur.

— Benoît vous a-t-il assassiné?

— Jamais.

— Pourquoi avez-vous pris le nom de Vignoret, qui n'est pas le vôtre?

— Pour vivre tranquille. Je n'aime pas les procès, les tribunaux, les huissiers, la justice enfin, et pour me délivrer de tous ces soucis, j'ai quitté ma maison de l'Observatoire, et je me suis enseveli comme un rentier obscur dans un coin du Marais.

— Pourquoi n'avez-vous pas apporté au tribunal les lumières que vous aviez entre les mains, lors du procès de Benoît?

— Parce que je ne connaissais pas ce procès.

— Cependant les journaux doivent vous l'avoir fait connaître ?

— Je ne lis jamais les journaux.

— Nous examinerons cette affaire, qui ne manque pas d'une certaine gravité.

— Je le crois bien ! dit Maurice : il y a un homme aux galères, monsieur !

— On verra cela ! dit le magistrat en assaisonnant ces trois mots d'une prise de tabac.

— Que faut-il faire, en attendant ? demanda Maurice.

— Attendre la décision de la justice.

— Mais ce pauvre homme qui est à Toulon par décision de la justice ?

— Il attendra aussi.

— Et vous ne faites pas arrêter provisoirement ce Rousselin ?

— Jeune homme, dit le magistrat d'un ton paternel, personne n'a le droit d'apprendre à la justice son devoir. Nous agirons selon notre bon plaisir, en temps et lieu... Où demeurez-vous, Rousselin ?

— Il demeure chez moi, reprit vivement Maurice; et voici mon adresse, ajouta-t-il en déposant sa carte sur le bureau.

— Vous pouvez vous retirer, dit le magistrat; nous vous ferons appeler en temps utile et nous aviserons.

Maurice prit le bras de Rousselin, et le ramena dans la voiture, où Lecerf attendait

Alors Rousselin rompit le long silence qu'il s'était imposé devant son ancien élève, et prenant un air léger lui dit :

— Mon petit Lecerf, tu ne seras jamais qu'un imbécile ; on ne peut pas conduire plus bêtement une affaire, lorsqu'on est riche comme toi... Demande à ton cousin, il te dira que je viens de tout arranger là-haut. J'en serai quitte pour quelques mois de prison, et tout sera dit... Tu ne me réponds pas? Ah! tu me traites encore en ennemi, malgré le service que je vais te rendre !... Ce n'est pas délicat, mon petit Lecerf.

— Je n'ai rien à vous répondre, dit l'ancien élève.

— Eh bien ! moi, je te prie de m'ouvrir cette voiture, et de me laisser sortir tranquillement, sur le Pont-Neuf où nous passons.

— Vous ne sortirez pas.

— Tu vas le voir ! Est-ce que tu crois avoir le droit des sergents de ville, des gendarmes, des gardes de commerce, toi? Est-ce que tu peux me retenir violemment ici ? Je t'en défie, toi et ton cocher de cousin. Allons, laisse-moi passer !

— Je vous dis que vous ne sortirez pas.

— Et tu crois me retenir avec tes violences ? Allons donc, enfant ! tu ne connais pas encore ton Paris... Je passerai malgré toi, te dis-je ! Ainsi laisse-moi aller de bonne volonté.

Et, en disant ces paroles, Rousselin se

précipitait sur les portières et essayait de les ouvrir. Lecerf jeune et vigoureux, l'enlaça de ses bras, et une lutte violente s'engagea dans la voiture.

Le plan de Rousselin était fait dès sa sortie du Palais-de-Justice. Après avoir échappé au magistrat, il lui fallait de même échapper à Lecerf. L'occasion et le lieu étaient bien choisis, et si Rousselin devait réussir, c'était certainement sur le Pont-neuf.

La lutte continuait, et Rousselin poussait des cris à ameuter les passants ; et ceux-ci, toujours nombreux sur le Pont-Neuf et dans les rues qui y aboutissent, s'attroupaient et regardaient passer ce fiacre avec inquiétude.

— C'est infâme, ce que vous faites-là,

criait Rousselin. Vous ne pouvez ainsi retenir un pauvre homme malgré lui. Je vais appeler au secours. Ouvrez-moi, je veux sortir !

Le peuple du Pont-Neuf est un peuple à part dans Paris ; il est oisif, il regarde la rivière ; accompagne de l'œil les radeaux de bois ; contemple la statue d'Henri IV ; examine le village flottant des bains ; écoute les plaideurs qui sortent de la cour du Harlay, en maudissant les juges. Ce peuple demande toujours un spectacle quelconque et s'amuse de tout ; en voyant Rousselin avec sa figure d'honnête homme, un faux cocher sur le siége et le pauvre Lecerf, pâle et convulsif d'émotion, ce peuple épousa la querelle de celui qui poussait les cris les plus furibonds, et qui avait l'air d'un opprimé. Un s'entremit, puis deux, puis un troisième ; bientôt tout le monde voulut s'en mêler. A la faveur de cette protection puissante, Rousselin s'évada, fendit la foule, traversa le Pont-Neuf et se perdit dans la rue Guénégaud. Le peuple demandait à grands cris l'intervention de la police, mais la police se trouve rarement dans les endroits où on la réclame. Maurice plus habitué à conduire un canot qu'une voiture, embarrassé sur son siége d'emprunt comme il ne l'avait jamais été sur son banc de quart, fut couvert d'insultes, et craignant d'être pris à l'abordage, il fouetta ses chevaux et les précipita vers la rue de la Monnaie, suivi d'un cortége de malédictions. Il fallait une version à cet incident. Le peuple du Pont-Neuf s'en chargea ; il fit son histoire, qui, de bouche en bouche, descendit le quai de l'École, côtoya le Louvre et les galeries, traversa la place de la Concorde et se perpétua sur toute la ligne du boulevard.

On disait que deux malfaiteurs, l'un déguisé en cocher, l'autre en dandy, avaient enlevé un prince russe en plein midi, pour le dépouiller de son or et de ses bijoux, sur le Pont-Neuf, à la faveur du tumulte qui règne toujours sur ce point si populeux de Paris. Les journaux enregistrèrent ce fait, et le *Moniteur* le consacra officiellement. Toutes les histoires sont à peu près dans le genre de celle-ci. Il n'y a que les romans de vrais, parce que l'histoire du cœur et des passions ne peut jamais mentir.

VIII.

**BRUXELLES ET PARIS.**

Sur la vaste place qui s'étend aujourd'hui devant l'église de Saint-Eustache, Lecerf avait quitté la voiture, en recommandant à Maurice d'aller l'attendre chez lui, rue des Bourdonnais, où Clémence devait déjà être rendue. Maurice ne demanda rien à son cousin, il inclina la tête, et poussa ses chevaux du côté du marché. Lecerf suivit une idée d'inspiration, qu'il ne voulait confier à personne, de peur de rencontrer des contradicteurs. Il se jeta dans les rues sombres et étroites qui aboutissent au quartier du Temple, et rentra dans le caveau souterrain abandonné. Là, il ralluma sa lampe et parcourut toute la longueur des galeries, bien sûr de rencontrer au bout le passage secret qui devait trahir la maison de Vignoret-Rousselin. La conjecture était bonne. Lecerf pénétra par ce moyen dans la maison de son ami Pritchard, et fouilla partout, dans l'espoir d'y rencontrer quelques pièces nécessaires et favorables à sa réhabilitation. Il découvrit en effet de précieux documents, auxquels il ne toucha point, et qu'il abandonna aux mains de la justice. La seule chose dont il crut devoir s'emparer, ce fut une collection de feuilles cousues et arrachées probablement d'un gaand recueil sur les antiquités de Paris. C'était le vol commis par Rousselin chez l'archéologue du boulevard, les premiers jours de son installation à l'entresol de la rue de la Cerisaie.

Après ces événements, on tint conseil de famille chez les Aubigny, rue des Bourdonnais, et on mit en discussion plusieurs moyens pour arriver à un résultat qui rendrait le calme et la sécurité à Lecerf et à Benoît, deux hommes qui, malgré leurs antécédents équivoques, méritaient une réhabilitation, surtout à cause de leur repentir. On provoqua d'abord une enquête sur ce M. Vignoret, et les gens de justice qui visitèrent son appartement reconnurent, en fouillant ses papiers, que ce mystérieux locataire n'était autre que Rousselin. Une dernière et décisive preuve paraissait nécessaire, et Benoît se chargea de se la procurer, dans l'intérêt commun, et surtout dans le sien.

La tâche que s'imposait l'ex-avocat n'était pas la plus facile de toutes. Mais pour réussir, il comptait sur son activité et sur ses nombreuses ressources.

Muni de ce passeport de Simon Levert, Benoît monta en chemin de fer, et arriva le même jour à Bruxelles.

Là, il s'agissait de découvrir le domicile de Célestine Desglajeux, dont l'absence avait été si préjudiciale à Benoît et à Lecerf. Trouver une femme dans une grande ville n'est pas chose aisée; cependant, Benoît ne désespéra point d'arriver à ses fins au bout d'un certain temps : les lettres de crédit qu'il avait reçues de Lecerf mettaient à sa disposition tout l'argent nécessaire pour conduire à bien son entreprise, et avec de l'argent habilement prodigué on réussit toujours. Les renseignements lui apprirent qu'il y avait en effet, à Bruxelles, une femme telle qu'il la désignait ; une belle Française, reconnue Parisienne à l'exquise élégance de ses toilettes et de sa tournure ; elle avait fait sensation aux promenades, aux églises, aux théâtres, mais on ne la rencontrait jamais dans le monde des salons.

Les femmes parlaient beaucoup de cette étrangère dont les antécédents leur étaient inconnus, et la citaient avec enthousiasme comme un modèle de grâce et de beauté blonde ; il était impossible, disaient-elles, de voir de plus beaux cheveux d'or fluides, un teint plus frais, des yeux plus doux, une plus éblouissante carnation. Quant à son nom, c'était un secret ; on la croyait veuve, parce qu'elle avait l'âge où toutes les jolies femmes se marient, et qu'on n'avait jamais vu le bras d'un homme noircissant la mousseline de son bras.

— C'est indubitablement Célestine Desglájeux, disait toujours en lui-même Benoît.

Et il inventait chaque jour, selon la méthode de son ancien maître Rousselin, quelque procédé nouveau pour découvrir le domicile de cette femme si nécessaire à son bonheur.

Un jour, en lisant les affiches de spectacle, dans les galeries de Saint-Hubert, Benoît apprit qu'on devait jouer la tragédie de *Lucrèce*, le soir même. Cela lui donna une idée.

— Si cette étrangère, se dit-il, est réellement Célestine, et si elle va quelquefois au théâtre, à coup sûr elle ira voir *Lucrèce*, pour se donner ces émotions que les femmes recherchent toujours au théâtre, surtout quand la position des héroïnes scéniques offre quelque analogie avec la leur.

On voit que la sagacité de Benoît ne

laissait rien échapper, ne négligeait rien.

Le soir, il loua une de ces loges obscures, où se placent ceux qui veulent voir sans être vus, et s'y installa seul, dans le fond, sa lorgnette à la main. A mesure que la tête d'une femme paraissait dans une loge, Benoît l'encadrait dans son verre, et l'examinait avec une attention poussée jusqu'au scrupule, car le visage de Célestine était reconnaissable, même à l'œil nu, et du premier coup d'œil surtout pour Benoît qui avait nourri une passion secrète qui jamais n'avait osé se faire jour, à cause de la formidable rivalité de Rousselin.

Le rideau allait se lever, quelques violons somnolents jouaient une espèce d'ouverture, lorsqu'une loge modeste s'ouvrit

aux premières; deux femmes entrèrent :
l'une resta dans le fond, comme une suivante de tragédie, l'autre se plaça sur le devant, dénoua la mentonnière de son chapeau pour le donner à l'ouvreuse, et mit en exhibition une chevelure opulente qui ressemblait à une cascatelle d'or.

Toutes les lorgnettes prirent le chemin de cette loge, mais le rideau se leva au même instant et débarrassa la jeune femme de cette cruelle et unanime curiosité.

Benoît n'eut pas besoin de sa lorgnette cette fois; ses yeux suffirent. Il s'admira d'abord lui-même, comme sagace inventeur de procédés ingénieux; puis il admira Celestine, dont la beauté lui parut plus éblouissante qu'au charmant cottage de Saint-Mandé; seulement, la pose et l'expression du visage de la jeune femme avaient un caractère très-prononcé de mélancolie; chose facile à expliquer dans une soirée de théâtre et devant une œuvre historique qui lui rappelaient de tristes et d'affreux souvenirs.

Au dénoûment, une pâleur très-sensible couvrit l'incarnat enfantin du visage de Célestine, et on put même remarquer le frisson qui agita toutes les franges de dentelles de son corsage, comme on voit les ailes charmantes des loris frissonner, dans toutes leurs plumes, sous une impression de terreur. Puis un mouchoir, léger comme la vapeur qui se détache d'un nuage de lin dans un ciel d'été, passa deux fois sur les yeux de la belle étrangère, et recueillit, sans doute, quelques perles humides distillées par la douleur. Le rideau tomba, et la sérénité parut revenir dans l'horizon de cette loge. On était venue pour chercher une émotion de souvenir; le but était rempli, il n'y avait rien à attendre de plus. Déjà se faisaient les préparatifs de départ, quoique le spectacle ne fût pas terminé.

Benoît avait prévu cette retraite prématurée; il était sorti de sa loge avant la catastrophe de Lucrèce, et il se promenait dans le corridor des premières, ne sachant trop ce qu'il devait résoudre dans une circonstance si délicate, et devant une femme qui semblait vouloir se faire une vertu de son isolement.

Comme il attendait une décision inspirée, la porte d'une loge s'ouvrit, et Célestine parut dans le corridor, avec sa suivante qui déployait un châle pour en couvrir les plus belles épaules de l'école flamande. Le corridor était désert. On commençait l'autre pièce. Benoît se détachait, sur une éclaircie de gaz, avec sa toilette irréprochable et sa grâce de dandy parisien ; tous les yeux exercés de ses compagnons du bagne ne l'auraient pas reconnu : sa chevelure avait vigoureusement repoussé ; son teint gardait sa pâleur virile, fard naturel des passions; ses yeux d'un vert mat, la courbe de son nez, le rouge vif de ses lèvres épaisses, annonçaient les instincts inexorables des appétis matériels ; mais les saillies protubérantes de son large front annonçaient aussi, comme correctif, la force morale, l'énergie spirituelle qui peut dompter les sauvages instincts : l'ensemble de cette physionomie était saississant; l'œil qui rencontrait ce visage devait s'y fixer. Célestine passa devant Benoît et retint un cri de stupeur...

— Oui, c'est bien moi, madame, dit-il en lui tendant la main, la Providence favorise ses rencontres, lorsqu'elles doivent servir au bonheur d'autrui. Toute une pauvre famille de millionnaires vous demande l'aumône d'un seul mot en sa faveur. Soyez généreuse, ne refusez pas si peu de chose.

Célestine regardait Benoît avec une sorte de terreur muette, et ses lèvres ne murmurèrent qu'à peine cette exclamation sourde :

— Vous ici, monsieur ! est-ce bien vous ?

— Oui, madame, c'est bien moi, moi qui fus toujours le plus respectueux, le plus humble et le plus dévoué de vos amis: moi qui vous ai protégée dans une horrible nuit, avec un courage que l'injuste justice a frappé d'un arrêt infamant ; moi qui vous demande, à genoux, ma réhabilitation, et qui en appelle à votre cœur, comme au tribunal souverain, au seul juge d'une cause perdue à cause de vous.

— Donnez-moi votre bras, monsieur, dit Célestine émue aux larmes, descendons ; il y a trop d'oreilles autour de nous.

Ainsi fut fait. Devant le péristyle du théâtre la voiture de Célestine stationnait. Sur un signe de la jeune femme, la suivante regagna la maison à pied, et Benoît resta seul avec la belle veuve.

La voiture partit ; elle traversa toute la ville et s'arrêta devant une petite maison, dans un quartier solitaire. Célestine, qui avait gardé un profond silence, comme une femme qui cherche des idées et des inspirations dans une circonstance difficile et imprévue, dit à Benoît :

— Prenez le numéro de cette maison, le nom de cette rue, et venez chez moi demain à midi, j'aurai fait mes réflexions... Je vous attendrai... Mon Dieu ! quelle mauvaise nuit je vais avoir !... Je serai bien pâle demain !

Bientôt Benoît se retira, en faisant de tristes réflexions sur cette femme qui, en pareilles circonstances, se préoccupait si vivement de la pâleur que l'insomnie lui donnerait le lendemain ; aussi concevait-il des craintes assez légitimes sur sa prochaine entrevue.

— Il y a, se dit-il, des organisations si délicates ; il y a des femmes si amoureuses d'elles-mêmes, que le moindre sacrifice leur répugne lorsqu'elles courent le risque de gâter une seule des lignes suaves de leur figure, un seul pli d'une robe de satin : c'est là le comble du sensualisme égoïste. A coup sûr, demain, je ne serai point reçu ; on n'aura pas le visage assez frais pour me recevoir.

Benoît faillit avoir raison, dans cette conjecture de bon observateur, mais par hasard, il se trompa. Il fut reçu. La suivante, qui sortait de l'hospice des sourds-muets, l'introduisit dans un salon, qui rappelait l'intérieur velouté, fleuri, suave, sensuel, du cottage de Saint-Mandé. Il n'y a que des coins ronds, pas un angle. Le salon copiait Célestine et lui ressemblait, comme l'amphore grecque d'albâtre ressemblait à la jeune prêtresse qui l'apportait à Delos.

Pour répondre à la première demande de Benoît, Célestine dit avec la plus gracieuse nonchalance et en se laissant absorber par un fauteuil :

— J'ai passé une très-mauvaise nuit, et j'ai fait un rêve accablant; il me semblait que deux hommes vêtus de noir et porteurs de figures sinistres, me traînaient à la cour d'assises, après m'avoir arrachée de mon lit, et que je m'enveloppais de mes cheveux pour répondre aux juges, qui tous riaient aux éclats de me voir si honteuse; puis j'ai senti sur mon épaule nue l'empreinte d'une dent de feu, et je me suis réveillée en sursaut et toute tremblante, comme si j'eusse échappé à la gueule d'un lion... Eh bien! voyons, monsieur Benoît, racontez-moi votre affaire... Savez-vous ce que j'ai voulu faire ce matin?

— Non, madame.

— Je comptais prendre le chemin de fer, et me réfugier en Hollande... Que voulez-vous? je suis ainsi faite... Il m'a semblé que vous me portiez la justice; et c'est plus fort que moi, je crains les tribunaux comme la mort. D'ailleurs, je crains tout. Il doit y avoir dans ces salles du Palais une atmosphère intolérable pour les organes trop délicats. J'ai toujours dit que je craindrais moins la justice si on la rendait dans une serre d'orangers en fleurs... Les hommes ne savent rien faire de bon; il serait bien temps que les femmes prissent leur place partout; elles ne feraient rien de pire, c'est impossible; donc elles auraient la chance de faire mieux.

Alors Benoît raconta l'histoire de son procès dans tous ses détails, sans rien omettre, et avec une simplicité touchante qui produisit un effet inattendu. Mais ce fut surtout le récit du dévouement héroïque de Clémence Lecerf qui toucha le cœur de la belle veuve, et n'osant interrompre Benoît, elle levait ses mains, les croisait, et les laissait retomber sur ses genoux en signe d'admiration.

— Quel tableau! quelles scènes! quel-

les souffrances ! dit-elle, et vous avez vu
tout cela ! et vous avez enduré ces horreurs ! et cette femme ! cette femme !...
qu'elle est belle et touchante ! que je voudrais la voir pour voir un ange ! Oh ! mon
Dieu ! votre histoire m'a blessée jusqu'au
fond de l'âme ; je n'ai jamais de ma vie
ressenti une si profonde émotion... et c'est
moi pourtant qui suis la cause innocente
de toutes ces misères ! Quoi ! monsieur,
vous avez été au bagne de Toulon ! vous,
si délicat, si charmant, si distingué ! vous
avez été enchaîné avec des galériens !....
Qui dirait cela, en vous voyant là, devant
moi, dans cette exquise toilette de bal !...
Vous devez avoir bien souffert !... racontez-moi encore votre histoire... Vous n'a-
vez pas tout dit ; redites-moi tout ce que
vous m'avez dit, n'oubliez rien. Si vous

saviez comme cela intéresse une femme !
Non ! vous ne pouvez pas le savoir ! Les
hommes ne comprennent pas cela... Parlez-moi encore de ce purgatoire de la
terre, de cet affreux hôpital du crime, de
ces bandes de démons rouges, de ces malades enchaînés sur leurs lits, de ces pauvres sœurs infirmières qui n'ont connu de
la vie que ses douleurs; de cette Clémence,
sœur Brigitte, qui n'a connu du mariage
que les humiliations. Ne craignez pas d'ê-
tre long, j'écouterai tout, et je ne vous in-
terromprai pas.

Encouragé par cette chaude invitation,
Benoît reprit espérance, rentra dans son
récit, et le développa, cette fois, avec
tant de charme et de talent, que Célestine
versa des larmes, et lui dit, en lui serrant
les mains :

— Après cela, il n'y a plus d'hésitation puérile pour moi... J'irai à Paris; je ferai taire toutes mes répugnances; je rendrai l'honneur et la tranquillité à cette famille; mais, avant tout, il faut que je sache ce qu'est devenu ce terrible Rousselin... Malgré la fermeté de ma nouvelle résolution, je ne pourrais me décider à vivre un seul jour dans une ville où le souffle de Rousselin serait dans l'air. Vous avez failli le remettre aux mains de la justice; ce démon s'est échappé, mais on peut le retrouver aisément; à Paris, la police trouve tout ce qu'elle veut trouver. Quand je n'aurai rien à craindre de ce misérable, j'irai m'établir à Paris, pour offrir mon amitié à sœur Brigitte, et l'embrasser tous les jours...

— Ah! madame, interrompit Benoît,

vous renvoyez notre bonheur bien loin. Nous connaissons Rousselin, nous ; vous ne le connaissez pas, vous ! c'est un homme à défier trente ans tous les limiers de la police. Son pied, son œil, son odorat, ne peuvent pas être mis en défaut aisément. Paris est une ville énorme, pleine de retraites inconnues de la police, et Rousselin connaît tout ce que la police ne connaît pas.

— Ayez confiance en moi, dit Célestine après avoir réfléchi un instant, je ne puis pas avoir tout d'un coup le courage qui m'a toujours manqué. On ne raisonne pas avec la peur ; mais la volonté ferme change un caractère. Cette pauvre Clémence n'était pas née pour soigner des galériens, dans un hôpital, et elle s'est pourtant résignée à ce devoir. Ainsi, ne désespérez point de moi...

— M'autorisez-vous, madame, à écrire à la famille Aubigny? demanda Benoît.

— Sans doute, monsieur; je fais plus, je l'exige; écrivez-leur et donnez-leur à tous bon espoir, en mon nom.

— Je vais sur-le-champ, madame, leur envoyer vos bonnes paroles... Me permettez-vous aussi de venir vous rendre ma visite demain?

— Certainement, monsieur, jusqu'à votre départ de Bruxelles.

— Voilà, madame, ce qui efface toutes les horreurs de mon passé, dit Benoît d'un ton mystérieux qui ressuscitait un ancien amour.

La lettre que Benoît écrivit le jour même à Lecerf détermina celui-ci à faire de curieuses recherches à la poursuite de Rousselin.

Lecerf, nous l'avons vu, avait trouvé, rue de la Cerisaie, les feuilles manuscrites volées et annotées soigneusement par Rousselin. Il les lisait avec son cousin Maurice, et celui-ci ne prenait pas grand intérêt à toutes ces descriptions du Paris souterrain; quand ils arrivèrent aux pages qui avaient rapport aux aqueducs :

— Ah ! voilà, s'écria Maurice, une navigation que je ne connais pas et qui doit être curieuse. Si nous allions visiter ces aqueducs?

— Je veux bien, répondit Lecerf; je dirai même que je le désire. Car, avec le caractère que je connais à Rousselin, toutes ces notes, tous ces renseignements n'ont pas été pris sans quelque but que nous ne connaissons pas.

— Eh bien! partons!

— Partons! répondit Lecerf. Ce but, nous le trouverons peut-être dans les canaux souterrains. C'est assez pour nous déterminer.

Ils s'acheminèrent vers la rue des Martyrs.

Ils trouvèrent le vieil Acharias à la maison n° 66, et s'étant conformés au précepte de Rousselin, ils descendirent avec leur boiteux conducteur jusqu'à la barque amarrée à l'angle du réservoir.

Une fois sur l'eau, Maurice reprit son ancien métier de marin. Les rames passèrent des mains d'Acharias dans les siennes et manœuvrèrent sous cette pression puissante avec une vigueur inaccoutumée.

Acharias et Lecerf laissaient faire Maurice. Celui-ci regardait avec une curiosité inquiète les voûtes humides, les parois verdâtres des murs, les lampes sépulcrales dont la lumière blafarde se projetait au loin sur les eaux d'une couleur indécise du canal. Troublés dans leur léthargie, les reptiles se montraient avec leurs formes étranges et hideuses, et les rats fuyaient au bruit des rames comme devant un ennemi inconnu, et par conséquent, d'autant plus à craindre.

Assis à l'arrière de la nacelle, Acharias

fumait tranquillement sa pipe noire, et sa physionomie ne trahissait aucune préoccupation intérieure. Pas plus que Lecerf, il ne soufflait mot.

Le premier, Maurice rompit ce silence qui menaçait de durer indéfiniment, et dit :

— Ma foi ! il faut avouer que c'est un vilain métier de naviguer ainsi sous terre. Pour moi, j'aime mieux l'Océan. Au moins, on a le soleil pendant le jour et les étoiles pendant la nuit.

— C'est une affaire d'habitude, répondit Acharias. L'homme est ainsi fait. Il peut se plier à tout. Je vous assure que j'aime autant mes canaux que le plus vieux loup de mer les flots de son Océan.

Mon soleil et mes étoiles, je les trouve dans ces lampes.

— Et il y a longtemps que vous êtes gardien des aqueducs? demanda Lecerf.

— Il y aura vingt-six ans à la Saint-Martin prochaine.

— Diable! vingt-six ans, c'est un peu long. Et vous n'avez personne pour vous aider et vous remplacer au besoin?

— Personne.

— Si vous étiez malade cependant?

— Je ne suis jamais malade.

— Recevez-vous des visites quelquefois?

— Jamais.

— Cependant, nous, nous sommes bien venus.

— Oh! mais ces visites sont si rares, qu'il ne vaut pas la peine d'en parler.

— Enfin, une visite est toujours une distraction. Ainsi, aujourd'hui pour vous ne se sera pas passé comme hier.

— Cela est vrai ; mais depuis vingt-six ans que je suis ici, je puis affirmer qu'il n'y est pas entré vingt personnes.

— C'est peu ; pas une par année.

— Tenez, le dernier homme qui est venu, il y a de cela plus d'un an, m'avait même laissé une impression si désagréable, que j'avais résolu de ne plus permettre de visiter les aqueducs à qui que ce soit. Je suis sûr que cet homme est descendu ici avec une pensée mauvaise dont je ne puis me rendre compte encore aujourd'hui. Il me fit boire outre mesure du rhum qu'il avait pris à la station de La Villette, et quand il me crut ivre-mort, il quitta la barque, longea les bords du canal et traça avec son couteau des marques dans la pierre vive que je vous montrerai tout-à-l'heure. Cet homme me croyait endormi dans mon ivresse; mais je voyais tout. Le lendemain, en repassant, je reconnus parfaitement les entailles fraîches, et je me disposais à faire exacte et sévère surveillance, mais il n'est pas revenu.

— Et comment était-il, ce visiteur ? demanda vivement Lecerf en faisant un signe d'intelligence à Maurice.

— C'était un homme d'une taille assez élevée qui pouvait avoir quarante ou quarante-cinq ans. Il avait des formes et des manières patelines et une prononciation provinciale. Il s'était caché dans son manteau pendant tout le voyage ; je ne le vis bien que lorsqu'il quittait la barque ; ses traits dénotaient à la fois l'astuce et la violence.

Maurice et Lecerf échangèrent un regard.

— Nous voici à sa première marque. Regardez à gauche, sous la lampe, à hauteur d'homme.

Maurice et Lecerf sautèrent à la fois sur les trottoirs qui bordent le canal, et chacun de leur côté, avec des mouvements divers, ils suivirent les entailles faites jadis par Rousselin.

Ils arrivèrent ainsi sous le carré Saint-Martin, où les devait déposer Acharias. Ils rémunérèrent grassement le vieux nocher, et, rendus à la lumière et à l'air libre, ils regagnèrent le quartier des Bourdonnais en se communiquant leurs pensées.

— Le doute n'est pas permis, Maurice, disait Lecerf; le visiteur dont nous parlait ce vieux marinier est bien Rousselin.

— Je le crois, disait Maurice Aubigny, mais je n'en suis pas certain; les indices fournis ne sont pas des plus sûrs.

— Avez-vous remarqué que toutes ces entailles avaient la même forme?

— Oui, toutes.

— On eût dit des R ébauchés, comme un homme qui essaie une signature.

— C'est vrai; mais combien n'y a-t-il pas de gens dont le nom commence par un R? C'est innombrable. Qui vous dit que cette lettre s'applique ici à Rousselin?

— Tout me le dit, Maurice, et plus que tout, mes pressentiments. N'avez-vous pas entendu le portrait qu'on nous a tracé de l'homme?

— Oui, ce qu'on nous en a dit convient en effet à Rousselin.

— Et puis, voyez-vous, cet homme avait la manie des souterrains. Après les Catacombes, ceux de la rue de la Cérisaie; après ceux-ci, les aqueducs; après les aqueducs, qui sait? C'était un homme de précaution, Rousselin; il savait qu'un jour ou l'autre il lui faudrait déloger de la rue de la Cérisaie d'une façon quelconque, et alors il prenait les devants; il se préparait des retraites. Les notes que nous avons trouvées sont des indices qui doivent nous guider. Je ne serai tranquille que lorsque nous aurons découvert sa retraite, et j'ai besoin de votre aide.

— Dites ce qu'il faut faire, j'exécuterai.

— Nous devons traquer Rousselin dans tous ses repaires.

— Comment ?

— Nous venons de visiter les aqueducs; c'est un commencement. Nous avons trouvé dans ses manuscrits qu'il y avait aussi des souterrains à l'ancienne abbaye Saint-Victor, à l'abbaye Saint-Germain-des-Prés. Allons partout, nous le trouverons quelque part.

— Ne croyez-vous pas, Lecerf, qu'il serait plus commode et en même temps plus sûr de nous emparer de ces souterrains par location comme nous nous étions emparés par achat de celui de la rue de la Cérisaie ?

— Votre idée peut être bonne, Maurice. Louons donc dans la rue des Fossés-Saint-Victor, au palais abbatial de Saint-Germain-des-Prés ou dans la rue Bourbon-le-Château, des appartements qui nous permettent de traquer ce Rousselin dans ces souterrains qu'il chérit. Nous sommes riches, profitons-en pour nous appauvrir et arriver à notre but, qui est notre existence et notre bonheur.

Ce projet adopté, Maurice en proposa un autre qui complétait le premier.

— Dès que nous aurons mis le pied, dit-il, dans tous ces asiles souterrains qui sont le domaine de cet homme des ténèbres, j'irai, moi, à la préfecture de police, et avec tous les renseignements et les facilités de découverte que je donnerai; avec l'argent que j'offrirai pour récompenser le zèle des agents, la réussite sera infaillible. Laissons faire les gens du métier. Quand nous leur aurons ouvert les premières voies, ils agiront plus sûrement que nous.

— Je suis de votre avis, dit Lecerf. Si Rousselin avait pu se domicilier dans les canaux, depuis la barrière des Martyrs jusqu'au carré Saint-Martin, il y serait en ce moment ; mais ce souterrain qu'il a visité en détail lui ayant paru inhabitable, il a cherché quelque chose de mieux, à l'aide de son manuscrit. Voilà ce qu'il faut dire et redire à la police, mon cher cousin ; voilà ce qu'il faut faire vérifier par des agents et constater par le témoignage du gardien des canaux. La police n'agit avec vigueur que sur de bons renseignements ; elle aurait trop à faire si elle suivait les milliers de plaignants qui viennent lui signaler des fantômes chaque jour. Ne lui montrons point de fantômes, montrons lui des réalités.

— Lecerf, dit Maurice, comptez sur mon énergie et mon obstination. Notre œuvre est commencée, achevons-la.

## IX.

### LE DERNIER SOUTERRAIN.

Maurice Aubigny, qui conservait sur la terre la brûlante activité du marin, jura ses grands Dieux de l'Océan que cette affaire serait terminée avant trois jours. Il recommanda de nouveau à Lecerf d'écrire deux fois par jour à Bruxelles, pour annoncer à Benoît qu'on était sur les dernières traces de Rousselin, et que Célestine Desglajeux pouvait faire ses malles.

Lecerf paraissait hésiter et douter, Maurice lui dit avec assurance :

— Mon cher cousin, quand on supprime l'hésitation et le doute, on fait comme Christophe Colomb, on découvre l'Amérique. Ce marin, notre patron à tous, montrait à ses compagnons l'invisible; il leur faisait toucher l'impalpable, il leur donnait à connaître l'inconnu, et l'invisible a été vu, l'impalpable a été touché, l'inconnu a été révélé. Voilà comment on réussit,

Lecerf, excité par la chaleur de son

cousin, recommença tout de suite avec lui le cours de ses expéditions souterraines, et tous les deux, ils apportèrent dans leur œuvre une ardeur fébrile, présage infaillible du succès.

Maurice et Lecerf combinèrent leur plan d'après les idées arrêtées, et sans perdre une heure, ils allèrent au quartier Saint-Victor. En prodiguant l'argent, ils eurent bientôt trouvé une maison convenable à leurs desseins parmi celles qu'on a bâties sur cette partie de l'enclos de l'ancien collége de Navarre. Cette maison était ornée d'un petit jardin, et celui-ci avait pour clôture un pan de mur encore debout de la vieille enceinte de Paris. La cave de la maison était voûtée et d'architecture ancienne, fort belle d'ailleurs et parfaitement conservée. L'un des côtés présentait une maçonnerie plus moderne. Lecerf et Maurice y firent une brèche, et ils se trouvèrent dans les souterrains de l'antique abbaye de Saint-Victor.

Le temps pressait ; nos deux cousins se contentèrent donc de constater leur découverte, se réservant d'en profiter plus tard.

Lecerf apportait dans ses investigations une passion infatigable, parfaitement expliquée quand on se rappelle qu'il avait, comme son maître, la manie des souterrains.

Restait le quartier Saint-Germain-des-Prés.

En rôdant autour de ce qui reste de

cette abbaye qui jadis fut la plus riche et la plus belle de France, Lecerf et Maurice Aubigny remarquèrent dans les rues Palatine, Bourbon-le-Château, etc., etc, des maisons sombres, enfumées, décrépites et qui ressemblaient elles-mêmes à des souterrains. On ne pouvait, à leur aspect, douter un instant de leur âge qui remonte à l'époque féodale. Une d'elles, le n° 27, dans la rue Palatine, leur parut convenir à leurs desseins, et immédiatiament ils entrèrent en pourpalers pour la location. Cependant, avant de conclure, ils voulurent s'assurer des avantages que leur promettait cette vielle masure. Lecerf avec les connaissances d'ingénieur qu'il avait acquises au contact du maître, la fouilla des greniers aux caves, mais aux caves surtout. Il acquit ainsi la certitude que le sol était profondément creusé sous tout le quartier et dans des directions diverses. Or, ces souterrains ne pouvaient être que ceux de l'abbaye Saint-Germain-des-Prés. Dès lors l'affaire fut rapidement conclue, et le lendemain Maurice et Lecerf s'installaient rue Palatine comme ils s'étaient installés déjà rue des Fossés-Saint-Victor, c'est-à-dire en locataires nomades. Leur bonne mine et leur argent comptant supprimaient les commentaires.

Lecerf avait découvert dans sa cave et sous un premier sol peu profond une trappe qui nécessairement devait mener aux souterrains. Maurice et lui la soulevèrent, et bientôt après, ayant descendu un escalier tournant et fort étroit, ils se trouvèrent dans une grande salle, dallée avec soin, et aux voûtes de laquelle étaient encore attachées à des chaines de fer des lampes dont l'huile était épuisée depuis longtemps.

— Voilà qui est fort beau ! s'écria Maurice, en élevant la torche qu'il tenait à la main au dessus de sa tête pour mieux éclairer les profondeurs de cet appartement.

— Très-beau, en vérité, répondit Lecerf. Mais il doit y avoir d'autres salles. Celle-ci ne suffirait pas à une habitation. Fouillons de tous côtés, nous les trouverons.

— Fouillons, répéta Maurice comme un écho.

Et ils recommencèrent leurs perquisitions.

Quelques instants après, ils avaient découvert comme tout un couvent souterrain. Là, c'étaient deux autres salles immenses comme la première et dont l'une paraissait avoir servi de chapelle ; ici, une longue galerie percée à droite et à gauche de cellules monacales.

— Ces souterrains sont merveilleux, disait Maurice. Que de mystères ils doivent avoir recélés ! Si les murs avaient des voix comme on prétend qu'ils ont des oreilles, en diraient-ils !

Lecerf examinait tout avec une scrupuleuse attention.

— Mon cousin ; reprenait l'ancien officier de marine, vous qui savez tant de choses en histoire...

— C'est vrai, Maurice, je sais l'histoire. Sans mes connaissances historiques, peut-être même ne serais-je pas aujourd'hui votre cousin.

— Oui, oui ; Clémence m'a dit que vous étiez très-savant. Eh bien! ne pourriez-vous pas...

— Je vois ce que vous désirez.

— Eh bien !

— Attendez... Il y a une vieille chronique sur Saint-Germain-des-Prés qui pourrait bien nous donner l'explication que vous désirez.

— Dites-moi cette chronique.

La voici en deux mots: Quand Henri IV assiégeait Paris, avec son armée protestante, ce prince avait établi son quartier général à Saint-Germain-des-Prés. Les moines avaient fui à l'approche du roi huguenot; ils s'étaient réfugiés au moultier d'Issy, couvent fortifié, bâti sur les ruines d'un vieux temple d'Isis. C'était du moins ce qu'on disait.

— Ah! mais ce n'était pas vrai?

— Attendez donc. Henri IV trouve le couvent vide et s'y installe avec ses principaux officiers. Le soir, il montait sur la plus haute aiguille du clocher, et de là, avec ce regard d'aigle qu'ont les montagnards de son pays natal, il plongeait sur sa bonne ville de Paris et voyait ce qui s'y passait.

— Et les moines?

— Ils viendront à leur tour... Henri IV aimait beaucoup ce spectacle et passait chaque soir ainsi une heure ou deux à contempler Paris ; puis il allait se coucher.

Mais pendant son sommeil, il était poursuivi de songes ; il entendait les chants catholiques des moines qui disaient matines et il se réveillait en sursaut. Alors il appelait ses conseillers les plus intimes, Mornay, Biron, Sully, et il leur disait ce qu'il avait entendu. Ceux-ci riaient ; mais Henri IV était superstitieux ; il se crut poursuivi par des visions, et enfin un jour il lâcha le grand mot : Ventre-Saint-Gris! Paris vaut bien une messe!

— Et il se fit catholique, et il entra dans sa bonne ville de Paris.

— Comme vous dites, Maurice.

— Mais les moines?

— Nous y voici... Rentré dans Paris, le roi fit ses réceptions solennelles. Le clergé de Saint-Germain-des-Prés vint comme les autres.

— « Savez-vous, dit Henri IV au prieur (car l'abbé étant absent fut, en cette circonstance, remplacé par le prieur, comme c'était l'usage), qu'on a des visions dans votre abbaye?

— « Comment cela, sire ? »

— « Pendant que j'y logeais, chaque nuit mon sommeil a été troublé par des chants de moines. »

Le prieur se mit à rire en entendant ces paroles, et il expliqua à Henri IV comme quoi, à l'approche des protestans, ses moines et lui avaient abandonné leur couvent et leur église pour se réfugier dans les souterrains de l'abbaye. Là ils continuaient leurs exercices pieux, et c'étaient leurs chants que le roi avaient entendus.

— Nous chantions matines bien bas cependant, sire, ajouta le prieur.

— Oui, mais la nuit on chante toujours haut.... même quand on chante bas. Enfin ce qui est fait est fait ; n'en parlons plus.

Et Henri IV resta catholique.

— Et alors, dit Maurice, ces souterrains ?

— Les moines les avaient construits, en d'autres temps, avec une grande prévoyance, pour s'y réfugier au besoin. Vous le voyez, ils y avaient fait des cellules, une chapelle. Cette vaste salle devait être le réfectoire ; je suis persuadé que nous trouverions quelque excavation pour conduire la fumée. Peut-être irions-nous ainsi jusqu'à la rivière.

— Vous croyez ?

— Ces moines soignaient tout, le détail et l'ensemble. Ils apportaient à tout la même intelligence. Vous n'expliquerez pas autrement l'existence de ces caveaux si bien distribués.

— Maintenant, dit Maurice, notre tranchée est ouverte ; nos chemins creux sont terminés, nous avons attaché le mineur au flanc de la place, le siége ne sera pas long. Notre stratégie sera victorieuse, vous allez le voir.

— En supposant toujours, dit Lecerf, que Rousselin s'est réfugié dans un de ces souterrains connus...

— C'est incontestable ! Où voulez-vous que Rousselin se réfugie ?

— Je suis parfaitement de votre avis, cousin Maurice, si Rousselin ne change pas de tactique; mais la fatalité qui me poursuit peut me jouer quelque mauvais tour.

— Bah ! dit Maurice, il n'y a pas de fatalité constante ! on use le malheur comme le bonheur. Une fois, pour doubler le cap de Horn et remonter l'Océan pacifique, nous avons essuyé onze tempêtes. Tant mieux ! disait le capitaine, quand une tempête recommençait l'autre, tant mieux ! Nous doublerons le cap malgré elles. Il ne se trompait pas. Maintenant, Lecerf, je n'ai plus besoin de vous, je vais au palais de la police, et je réussirai. Au revoir ! à bientôt !

Les deux cousins se séparèrent sur le Pont-au-Change. Maurice se dirigea vers la rue de Jérusalem pendant que Lecerf retournait dans le quartier des Bourdonnais, rassurer les inquiétudes de Clémence.

Dans la sombre cour du palais de la préfecture, Maurice cherchait un homme d'une figure à renseignemens, lorsqu'une femme sortit d'un coupé très-bas, comme une fée d'une armoire, et lui prenant les deux mains.

— Que venez-vous faire, lui dit-elle, dans ce lieu suspect?

Redouté des mortels et craint même des dieux!

— Ah! c'est vous, Augusta! dit Maurice, en se laissant serrer les mains, je ne m'attendais pas à vous rencontrer ici.

— Alors, vous ne connaissez pas mon histoire, monsieur Aubigny?

— Votre histoire est toujours nouvelle; je connais celle d'hier, mais je ne connais pas celle de ce matin, belle Augusta.

— J'ai eu encore une chute avant-hier, mais cette fois superbe. Puisque vous n'y étiez pas, il faut que je vous la raconte. On disait dans les avant-scènes : La femme est bien belle, mais l'actrice est bien mauvaise... J'entendais ces conservations en débitant mes tirades. Cher petit Maurice, j'ai trop d'esprit pour être une bonne actrice. Voilà mon défaut. Il m'est impossible de jouer sérieusement les rôles de drame qu'on me donne: je suis la première à m'en moquer. Au théâtre, il faut parler, marcher, sortir, entrer d'une façon si drôle, qu'il n'y a que les imbéciles qui puissent s'y faire, Moi, je parle et je marche comme je parle chez moi, comme je marche dans la rue, comme parlent et marchent tous ceux qui parlent et marchent bien. Au théâtre, alors, on me dit que je manque de naturel... L'autre soir, je jouais encore dans ce drame le rôle d'une mère qui cherche son fils ; vous savez que les auteurs ne sortent pas de là ; c'est un thème fait; ils veulent tous avoir *un succès de larmes,* comme disent les annonces des journaux.

— Ma belle Augusta, interrompit Maurice, je vous écouterais avec bonheur jusqu'à ce soir, mais un affaire sérieuse...

— Attendez donc une minute, monsieur, dit la jeune femme en le retenant; moi aussi j'ai une affaire sérieuse... Il y a dans mon drame une situation pathétique, celle où je trouve mon fils, le fils qu'on m'a volé chez les Bohémiens.... Moi, hors du théâtre, je n'ai jamais eu d'enfants ; j'en suis d'ailleurs bien aise ; je déteste les enfants; ils sont ennuyeux comme la pluie. J'ai donc très-mal trouvé mon fils chez les Bohémiens, et j'ai manqué de pathétique. Tous ceux qui ont des enfants m'ont sifflée, et ils étaient nombreux... Le lendemain, j'ai reçu une lettre de M. Camille... Vous connaissez M. Camille ?

— Non.

—C'est un correspondant de théâtres... Il m'a dit : Madame, hier M. Wilkies, le directeur de trois théâtres américains échelonnés sur le Mississipi, vous a vue jouer dans le drame, et il vous propose un engagement de trois ans et de vingt mille dollars par an, avec la facilité de vous marier avec un Américain dix fois millionnaire, comme il s'en présente toujours... Vous ne jouerez que la tragédie et le vaudeville. Si cela vous arrange, signez. On vous comptera d'avance trois mille dollars pour payer vos dettes, parce qu'une jolie femme en a toujours... J'ai des detttes, c'est vrai, mais je ne les paierai pas. Je ne veux pas ôter leurs illusions à tant d'honnêtes gens, qui sont si heureux d'être mes créanciers. Si vous saviez combien je suis heureuse de quitter la France!... Il n'y a rien à faire dans ce pays. On ne rencontre plus que des actionnaires et des liardeurs. Les femmes sont réduites aux diamants faux : il y a quatre bijoutiers du Palais-Royal qui en vendent. Cela peint l'époque. Le roi vend ses pêches au marché. Quatre jeunes gens prennent quatre actions sur une seule femme et vivent d'accord. Les députés mangent aux restaurants à trente-deux sols, et vont à la Chambre en omnibus. Les premières chanteuses soupent avec du veau froid. Les millionnaires se font prier tout un soir pour crier *banco* à un lansquenet de six liards. On marchande les femmes comme les fraises. Il n'y a plus que les pauvres qui paient au théâtre ; tous les riches y vont gratis. Les ministres demandent des loges à tous les directeurs. L'argent, le luxe, les passions, les plaisirs, les caprices, tout se résume à cette heure en actions de chemins de fer. Adieu, Paris ! Je vais prendre mon passeport. Bonsoir, Paris !

Elle serra la main de Maurice, et sauta d'un pied léger sur l'escalier de la salle des passeports. Maurice resta quelque temps comme étourdi sous la foudroyante volubilité de la satire contemporaine qu'Augusta venait de débiter tout d'un souffle, et il se dit à lui-même :

—Il y a beaucoup de sagesse dans la folie de cette femme, peut-être sans qu'elle s'en doute. Vraiment, elle me donne à réfléchir.

Et s'étant fait indiquer le bureau où il devait déposer ses déclarations, il fut introduit dans une antichambre d'architecture ogivale qui fut autrefois une chapelle. Les administrations parisiennes ont tout bouleversé dans les grands édifices de la vieille ville. Si la Bastille n'eût pas été détruite, on y aurait établi les bureaux de la douane ou du papier timbré. La sainte chapelle de Louis IX a été pendant un demi-siècle un magasin de vieux papiers et une succursale de Montfaucon.

Un chef de bureau, mort en 1847, reçut les déclarations de Maurice d'un air somnolent, et lui dit d'un ton railleur:

— Ah çà, monsieur, vous croyez donc que Paris renferme sous lui tous ces souterrains? Vous le croyez de bonne foi?

— Parbleu! si je le crois, dit Maurice; je les ai vus.

— En songe?

— En réalité.

— Et vous croyez que les malfaiteurs peuvent y trouver un asile?

— Oui, monsieur; et la preuve que

vous ne pouvez récuser, c'est que j'ai vu les malfaiteurs, comme j'ai vu les souterrains.

— Si cela était, monsieur, dit le chef de bureau, la police en serait instruite. Elle a les yeux sur tout, elle sait tout. Depuis quarante-cinq ans, j'exerce ici mes fonctions, moi, je n'ai jamais entendu parler de ces choses-là.

— Eh bien ! dit Maurice, je suis charmé de vous les révéler après quarante-cinq ans.

Le chef de bureau se leva, prit un air digne, et montra la porte à Maurice Aubigny.

Maurice murmura entre ses lèvres quelques expressions peu parlementaires, fort excusables chez un jeune marin, et sortit.

En traversant la cour, il rencontra encore Augusta qui remontait en coupé. Elle n'était pas plus satisfaite que le jeune Aubigny.

— Eh bien ! monsieur Maurice, lui dit-elle, comment trouvez-vous le tour qu'on me joue ! ils me font attendre, sans me donner la moindre réponse, une heure dans une longue salle pestilentielle, puis ils me disent que les passeports pour l'Amérique ne se délivrent pas ici. On me renvoie au boulevard des Capucines. Adieu! adieu! au revoir, en Amérique.

Maurice courut à la rue des Bourdonnais pour raconter le mauvais résultat de sa mission, et il fut convenu, après une délibération de famille assez longue, qu'on choisirait des hommes sûrs, qu'on les paierait bien, et qu'ils seraient cachés, toutes les nuits, à l'entrée de tous les souterrains que Rousselin connaissait, avec recommandation expresse de garder le plus profond silence, de voir et d'écouter jusqu'au jour. On promettait une récompense énorme à ceux qui découvriraient un être vivant.

Lecerf écrivit à Bruxelles pour instruire Benoît et lui prescrire la patience.

Benoît, de son côté, ne perdait pas son temps, et recommençait, chaque jour, son histoire de Toulon, avec de nouveaux détails, pour charmer les ennuis de Célestine, et faire une brèche dans cette mousseline de bronze qui recouvrait un cœur de même métal.

Un soir, après une fonte de neige, le

peuple du Pont-Neuf remarqua dans les eaux de la Seine une crue énorme. Le pont des Arts, envahi sur toutes ses piles, ressemblait à une planche jetée entre le Louvre et l'Institut. Les bains étaient à niveau des quais.

Les sentinelles postées par Lecerf et Maurice, à l'entrée des souterrains de l'abbaye, du palais Rouge, n° 13, et de la vieillle église du Pré-aux-Clercs, entendirent pour la première fois, des bruits sourds, assez semblables au fracas ténébreux d'une écluse de moulin : ils allumèrent des lampes, et virent leur clarté se reflétant sur des flaques d'une eau jaunâtre et gonflée, partout, comme les gouttes d'une pluie d'orage. A chaque instant, ce petit torrent horizontal s'élargissait, et devenait menaçant comme les premières écumes d'une marée montante.

Tout-à-coup, un cri lugubre retentit sous ces horribles voûtes, et un être vivant se montra et accrocha ses mains, comme des griffes, aux arêtes vives d'un pilier, lorsqu'il vit luire des lampes sur les hauteurs.

La rivière envahissait les souterrains : le bruit de ses eaux était effroyable; les vagues jaunes, opaques, chargées de limon, se brisaient contre les pilastres, comme sur des écueils, en couvrant les voûtes d'une écume qui retombait en pluie. Le froid devenait intolérable, comme si les glaces du pôle se fondaient dans ces souterrains; la terre gluante avait disparu partout, et les eaux montaient,

montaient toujours, à mesure que l'écluse du pont des Arts les retenait et les repoussait violemment dans une autre direction.

Lecerf et Maurice avaient reçu un avis au premier bruit entendu, ils arrivèrent et reconnurent tout de suite cet homme, qui repoussait du pied les eaux montantes et se cramponait, comme dans un tableau du déluge, aux aspérités des voûtes et des chapiteaux.

C'était bien lui ! c'était Rousselin ! Sur le terrain élevé où se trouvaient les deux jeunes gens, ils assistaient de loin et sans péril à cette lutte désespérée de l'homme et des eaux, duel terrible dont il était facile de prévoir le dénoûment. On aurait dit que la vague avait une intelligence, et que ses lèvres froides cherchaient le prisonnier dans ses extrêmes asiles pour l'étouffer. La vague montait toujours. Les chapiteaux, les voussures, les clefs de voûtes disparaissaient; le souterrain devint un puits énorme. On entendit un râle d'agonie : l'homme avait disparu, mais quelques secondes après on vit un cadavre flotter entre les plafonds noirs et la haute surface des eaux.

Le matin, ce cadavre, porté par la vague montante, gisait à l'entrée du souterrain, et ses pieds et ses doigts conservaient encore la raideur énergique de leurs dernières convulsions.

Cette fois la police appelée arriva et fit ses procès-verbaux, qui constataient le décès de cet homme. Lecerf et Maurice achevèrent d'éclairer la justice, qui se laissa éclairer.

En quelques heures, Benoît et Célestine arrivèrent de Bruxelles, et apportèrent leurs contingents de preuves accablantes à la nouvelle instruction judiciaire qui se forma.

Quant à nous, notre histoire se termine naturellement à la mort de Rousselin. Cependant, il nous sera permis d'ajouter que la conversion de Lecerf et de Benoît fut sincère. Lecerf, qui dans le caveau nuptial, avait appris à aimer sa femme et même à la trouver belle, persista et persiste encore dans cette conduite nouvelle apprise à l'école du malheur et de la réflexion. Benoît a épousé Célestine Desglajeux et lui raconte toujours son histoire du bagne.

Tous nos personnages ont quitté Paris pour la province, et en ce moment, Maurice Aubigny nolise, au Hâvre, un beau trois-mâts, pour conduire, avec son brevet de capitaine au long-cours, sa famille et ses amis à la Nouvelle-Orléans.

— Après toutes ces tristes affaires, leur a dit Maurice, et en présence d'une cour d'assises qui ne peut pas réformer ses arrêts, il n'y a qu'un seul parti pour donner un véritable repos à nous tous, il faut changer d'air, il faut partir pour un autre monde, qui sera un monde meilleur.

Ils ont tous approuvé l'idée sage de

Maurice; mais peut-être le capitaine Maurice cachait-il une arrière-pensée. Qui sait s'il n'espère pas retrouver Augusta sur le sol américain?

FIN.

# TABLE DES CHAPITRES

## DU TROISIÈME VOLUME

Pages.

Chap. I. Benoît trouve un maître. . . . . . 5
— II. . . . . . . . . . . 37
— III. La sœur Brigitte. . . . . . . 63
— IV. L'évadé. . . . . . . . . 91
— V. Les deux évadés. . . . . . . 115
— VI. La vie du tombeau. . . . . . 151
— VII. Un fantôme pris au piége. . . . 189
— VIII. Bruxelles et Paris. . . . . . 223
— IX. Le dernier souterrain. . . . . 263

FIN DE LA TABLE DU TROISIÈME ET DERNIER VOLUME.

---

Coulommiers. — Imprimerie de A. Moussin.

A LA MÊME LIBRAIRIE, EN VENTE.

## NOUVEAUTÉ :

# LES AMOURS DE BUSSY-RABUTIN,

### Par Madame la Comtesse Dash,

Revue piquante de la première moitié du dix-septième siècle, élégant reflet des Conteurs de Cape et d'Épée de la place Royale ou de la Chambre bleue d'Arthénice (roman complet en 4 volumes in-8°). — PRIX NET : 15 fr.

# FRANCINE DE PLAINVILLE,

Est une de ces études de la vie intime et de bonne compagnie, comme Madame Camille BODIN seule a le secret de les tracer.

*Ouvrage complet, en 3 volumes in-8 ;* — PRIX NET : 12 fr.

# LA TULIPE NOIRE,

### D'Alexandre Dumas père,

Renferme des récits les plus drôlatiques, les plus poétiques et les plus attendrissants à la fois qu'ait jamais commis la plume de notre grand romancier.

*Ouvrage complet, en 3 volumes in-8 ;* — PRIX NET : 13 fr. 50 c.

# JEAN ET JEANNETTE,

### De Théophile Gautier,

C'est-à-dire Watteau, Boucher et Crébillon fils ; les Bergères à chignons poudrés et les Bergers en chemises de batiste, les talons rouges, les camaïeux, les glaces dauphines : en un mot, le dix-huitième siècle dans sa plus coquette afféterie, dans sa toilette la plus mignonne, et par-dessus tout cela, ce tour naïf, ce style brillant, cette allure primesautière de l'esprit qui ont conquis à M. THÉOPHILE GAUTIER une place si élevée parmi les littérateurs contemporains.

*Ouvrage complet, en 2 volumes in-8 ;* — PRIX : 9 fr.

# LES DEUX FAVORITES,

### SUITE ET FIN

### D'ÉSAÜ LE LÉPREUX, par Emmanuel GONZALÈS,

Cet habile et dramatique Walter-Scott des Chroniques espagnoles.

*Ouvrage complet, en 3 volumes in-8 ;* — PRIX : 13 fr. 50 c.

Paris, Imp. de Paul Dupont, rue de Grenelle-St-Honoré, 45.

www.ingramcontent.com/pod-product-compliance
Lightning Source LLC
Chambersburg PA
CBHW071535160426
**43196CB00010B/1778**